Paul Tergat

Champp und Gentleman

Jürg Wirz

Paul Tergat

Champ und Gentleman

Sein Leben Seine Erfolge Sein Training

Mit vielen Tipps für Läufer

Meyer & Meyer Verlag

Paul Tergat - Champ und Gentleman

Bibliografische Information Der Deutschen Bibliothek
Die Deutsche Bibliothek verzeichnet diese Publikation in der Deutschen Nationalbibliografie; detaillierte bibliografische Daten sind im Internet über http://dnb.ddb.de abrufbar.

Adelaide, Auckland, Budapest, Graz, Johannesburg, New York, Olten (CH), Oxford, Singapore, Toronto
Member of the World
Sportpublishers' Association (WSPA)
Druck: FINIDR, s. r. o., Český Těšín
ISBN 3-89899-084-2
E-Mail: verlag@m-m-sports.com

INHALT

KENYA
300

Energizer
002

World Food
Programme

VORWORT

„Nichts ist unmöglich, wenn du es versuchst!“

PAUL TERGAT

Für ihn hat sich der „kenianische Traum“ erfüllt. Paul Tergat wuchs in einer mittellosen Familie als eines von 17 Kindern auf, in einem armen Distrikt namens Baringo im Norden des Landes. Es gab Tage, da hatte er nichts anderes zu essen als die Asche vom Feuerholz. Aber er war bereit zu kämpfen. Zu kämpfen für ein besseres Leben. Und er schaffte es. Mit seinem Talent, seinem Willen und seiner Entschlossenheit gelang es ihm, undenkbare Sphären zu erreichen.

Aus dem Nichts kommend, erreichte er mehr als jeder andere Langstreckenläufer vor ihm: 5 x Crossweltmeister, 2 x Weltmeister im Halbmarathon, Weltrekordinhaber über

10.000 m auf der Bahn und auf der Straße, im Halbmarathon und Marathon. Er gewann vier Silbermedaillen bei Olympischen Spielen und Weltmeisterschaften über 10.000 m. All dies macht Paul Tergat zu einem der größten Athleten der Geschichte.

Es war 1992, im Jahr, als er seinen Durchbruch auf nationaler Ebene erreichte, als wir uns auf der Pfederennbahn Ngong außerhalb von Nairobi zum ersten Mal begegneten. Einen Monat später waren wir zusammen in Boston, als er seine erste Enttäuschung erlebte: Wegen einer Verletzung konnte er nicht um den Weltmeistertitel mitkämpfen. Ich begleitete ihn als Journalist, als er 1995 in Durham seine erste Goldmedaille bei einer Crossweltmeisterschaft gewann und im gleichen Jahr in Göteborg seine erste Bronzemedaille auf der Bahn holte. Seit damals haben sich unsere Wege immer wieder gekreuzt, in Kenia und überall auf der Welt. Jetzt, wo ich selbst in Kenia lebe, ist die Freundschaft noch viel intensiver geworden, nicht nur zu Paul, sondern auch zu seiner Frau Monica, die ihn seit eh und je in einer beispiellosen Art unterstützt.

Champ und Gentleman erzählt Paul Tergats Weg aus der Armut in die Welt der Reichen und Erfolgreichen. Sie werden mit ihm alle seine Triumphe und Enttäuschungen miterleben, seine Gedanken über den Sport und das Leben erfahren. Geichzeitig ist *Champ und Gentleman* aber auch ein Leitfaden für Hobbyläufer und Ambitionierte. Parallel zu Tergats Karriere, vom Anfänger bis zum Weltrekordinhaber, finden Sie Tipps und Trainingsprogramme sowohl für Jogger als auch für Leistungssportler. Es ist das erste Mal, dass Paul Tergat und sein langjähriger Coach, Dr. Gabriele Rosa, der erfolgreichste Marathontrainer der Welt, Insiderinformationen und Einzelheiten über Trainingsphilosophie und -programme preisgeben.

Ich fühle mich privilegiert, dass ich Paul schon seit 13 Jahren kenne, und ich bin stolz, dass er mich einen engen Freund nennt: nicht nur wegen seiner großen Erfolge als Sportler, sondern vor allem wegen seiner Leistungen auf dem Gebiet der Humanität. Er half bei der wirtschaftlichen Erschließung seiner Heimatregion, er hilft armen Kindern in Afrika als UN-Botschafter für das Welternährungsprogramm, er engagiert sich im Kampf gegen die Landminen, er ist dabei, eine Stiftung zu gründen, die den Ärmsten in Kenia helfen wird.

Auch wenn er durchs Laufen Millionen verdient hat, auch wenn er sich mit Eleganz und Leichtigkeit, gekleidet in einen Designeranzug, in der glitzernden Welt der Würdenträger bewegt, hat er seine Herkunft nie vergessen. Er blieb einfach, ein feinfühliger Mensch und echter Gentleman. Und dies ist es, was Paul Tergat so speziell macht.

Eldoret/Kenia, im Frühling 2005

Jürg Wirz

Autor Jürg Wirz und Paul Tergat bei der Weltmeisterschaft 1995 in Göteborg

Αθήνα
Athina
Μαραθώνας
Marathonas

KAPITEL 1

Der Traum, der nicht in Erfüllung ging

In den Monaten vor den Olympischen Spielen gab es keinen einzigen Tag, an dem Paul Tergat nicht an den Marathon von Athen dachte. Er wollte dieses Rennen unbedingt gewinnen – mehr als alles andere. Es war die einzige Goldmedaille, die in seiner grandiosen Karriere als Langstreckenläufer noch fehlte. Er peinigte seinen Körper bis an die Grenze und lief bis zu 300 km pro Woche. Mehr als ein Mensch ertragen kann.

Nur eine Medaille fehlt: olympisches Gold

Zwei Wochen vor dem Tag der Wahrheit machte er den letzten Test. Die Temperaturanzeige in Tergats Toyota Landcruiser zeigte 29 °C, die Sonne brannte wie Feuer in diesem Teil des Rift Valleys in Oletapesi auf 1.200 m über dem Meer, 70 km südlich der Ngong Hills und 100 km von Nairobi entfernt.

Tergat und seine 12 Trainingskollegen erreichten den Startort für diesen letzten Countdown vor den Olympischen Spielen in Athen in zwei Fahrzeugen um 11 Uhr. Der Straßenbelag flimmerte in der Hitze. Für Paul Tergat endete der Lauf eine Stunde und 15 Minuten später im Zentrum von Olepolos, 21 km entfernt, und er schaute aus, als käme er direkt von der Dusche. Einige seiner Trainingspartner brachen unterwegs zusammen und stiegen entkräftet in den Begleitbus, andere hielten mehr als zweimal an, ausgepumpt bis auf die Knochen.

Einige Streckenabschnitte waren so steil, dass die 4 x 4-Fahrzeuge im zweiten Gang Mühe hatten. Eines der Autos erreichte den höchsten Punkt auf 1.700 m mit kochendem Motor. Auf den letzten 5 km musste Tergat alleine laufen, nachdem sein letzter Begleiter, Joshua Chelang'a, zurückgefallen war. Tergats langjähriger Freund und Trainingspartner beendete anderthalb Monate später den Berlin-Marathon als Dritter in 2:07:05 h. Aber an diesem Tag nach diesem brutalen

Lauf von Oletapesi nach Olepolos war er völlig am Ende und stammelte nur noch: „Hiyo imeishe“ – „es ist geschafft.“ Später, nachdem sie Unmengen von Limonade und Wasser getrunken hatten, lachten sie zusammen, glücklich, dass sie einen weiteren mörderischen Mittagslauf hinter sich gebracht hatten bei Verhältnissen, extremer als sie in Athen zu erwarten waren. Paul Tergat war in der Form seines Lebens.

Ein paar Tage, bevor er mit seiner Frau Monica in die Olympiastadt reiste, wo die beiden außerhalb des olympisches Dorfs in einem Hotel wohnten, wäre Tergat allerdings beinahe Opfer eines Überfalls geworden. Diebe warteten vor seinem Haus in Ngong auf ihn. Es war der Tag, an dem er Joshua Chelang'a vom Flughafen abholen sollte. Aber Tergat fuhr nicht selbst, sondern schickte seinen Fahrer und einen Kollegen und wie es scheint, war das sein Glück. Die Verbrecher warfen Chelang'a aus dem Auto, nachdem sie ihm das Preisgeld aus Europa und sein ganzes Gepäck abgenommen hatten und zwangen die beiden anderen, in einen nahen Wald zu fahren, wo sie die beiden ihrem Schicksal überließen. Die Diebe verschwanden mit dem wunderschönen Landcruiser im Wert zwischen € 30.000,- und 40.000,-. Wer weiß, was geschehen wäre, wenn Tergat im Auto gewesen wäre?

Es war ein Schock für Tergat, aber in Athen dachte er nicht mehr über diesen Vorfall nach. Seine ganze Konzentration galt nun dem Marathon. Und als er an diesem 29. August, dem letzten Tag der Olympischen Spiele, um 18 Uhr mit

allen anderen Favoriten am Start Aufstellung nahm, war er bereit. Aber es sollte nicht sein: Als die Führungsgruppe das letzte Streckenviertel in Angriff nahm, war der Kenianer plötzlich nicht mehr in der Lage, das Tempo mitzugehen und fiel zurück. Nach 42,195 km erreichte er das Panathinaikon-Stadion erst als Zehnter.

P.T.: *„Das Wichtigste für mich ist, dass ich das Rennen beendet habe. Der olympische Marathon war ein sehr wichtiger Moment in meinem Leben. Es war wahrscheinlich das wichtigste Rennen meiner ganzen Karriere, wenigstens das letzte große*

Rennen, meine letzte Chance, olympisches Gold zu gewinnen. Ich habe unheimlich hart gearbeitet, um dieses Ziel zu erreichen. Ich überließ nichts dem Zufall. Ich war hundertprozentig bereit. Und mit der Fortdauer des Rennens wuchs meine Zuversicht immer mehr. Alles verlief nach Plan. Bis zur Wasserstation bei Kilometer 30. Da passierte es: Ich verpasste die Flasche mit meinem Getränk und wusste, ich konnte nicht 5 km ohne Flüssigkeit weiterlaufen. Bei dieser Hitze und der hohen Luftfeuchtigkeit wäre das tödlich gewesen. Also musste ich das Wasser nehmen, das die Organisatoren anboten. Leider war dieses Wasser sehr kalt. Es dauerte keine zwei Minuten, bis ich Magenkrämpfe bekam. Zuerst war es ein Krampf, dann ein Stich. Es war sehr schmerzhaft. Trotzdem versuchte ich, ruhig zu bleiben, ich hoffte, der Schmerz würde wieder verschwinden. Aber er blieb. Ich reduzierte das Tempo, ich versuchte, ruhig und tief zu atmen und den Schmerz wegzumassieren – nichts half. Ich musste die Führungsgruppe ziehen lassen. Als ich realisierte, dass das Rennen für mich gelaufen war, spürte ich eine große Leere in mir. Ich war wütend und bestürzt. So viel hatte ich für diesen letzten Traum geopfert. Es war hart, die Realität zu akzeptieren. Ich meine, wenn du nicht gut vorbereitet bist, wenn andere Läufer einfach besser sind als du, dann musst du das annehmen. Wenn du dir die Lunge aus dem Leib rennst und du schaffst es nicht, wenn du dein Bestes gegeben hast und du verlierst – das ist okay. Aber es war solch ein stupider Zwischenfall, der mich um meine Chance brachte.

Ich habe nicht daran gedacht, das Handtuch zu werfen. Ich wollte ins Ziel kommen. Nie in meiner ganzen Karriere habe ich ein Rennen aufgegeben. Ich bin nie an den Start eines Rennens gegangen, wenn ich nicht wirklich in Form war. Wenn ich weiß, dass ich nicht mein Bestes geben kann, bleibe ich lieber zu Hause. So bin ich. Ich weiß, es gibt viele, die an einem Rennen teilnehmen, auch wenn sie nicht bereit sind. Ich könnte das nie.

Ich bin ein professioneller Athlet. Wenn ein Organisator bereit ist, Geld für mich auszugeben, dann bin ich verpflichtet, ihm die bestmögliche Gegenleistung zu bieten. Auch wenn ich mental wirklich kaputt war, ich wusste, ich würde den Marathon beenden. Nicht einmal eine Sekunde lang habe ich mir überlegt, ob ich aussteigen soll. Ich hatte keine Angst zu verlieren. Bei allen großen Meisterschaften gibt es Sieger und Verlierer. Wenn du ein Teil dieses Sports bist, dann musst du das akzeptieren. Ich fühlte meine Verantwortung gegenüber meinem Land, aber auch gegenüber mir als Paul Tergat. Das Einzige, was mich wirklich störte, war, dass ich nicht fähig war, mein Rennen zu laufen und mein wirkliches Potenzial zu zeigen.

Ich glaube fest daran, dass ein Mensch nicht nur an seinen Leistungen gemessen wird, sondern auch an dem, was er erreicht. Das Rennen zu beenden, auch wenn nur als Zehnter, war ein Sieg für mich, es erfüllt mich mit Stolz. Es wird mir die nötige Kraft geben, um mit meiner Mission fortzufahren. Ich will noch mindestens zwei, drei weitere große Städtemarathons laufen. Die Leidenschaft ist immer noch gleich groß wie damals, als ich mit dem Laufen begann.“

Paul Tergat 2005: Er möchte noch den einen oder anderen großen Marathonlauf siegreich beenden. Er denkt, es ist nicht genug, nur Berlin gewonnen zu haben, das Rennen, wo er, mit Sammy Korir im Schlepptau, den Weltrekord pulverisierte. Er möchte auch noch eine weitere schnelle Zeit laufen. Aber er weiß, dass es nicht leicht sein wird, denn er braucht jemanden, der ihn mindestens bis zu Kilometer 37 oder 38 treibt. Das heißt, jemand, der selbst in der Lage ist, den Marathon in 2:07 h zu laufen. Und diese Athleten ziehen es normalerweise vor, um den Sieg zu laufen, als sich als „Hasen“ zu verdingen. Tergat ist überzeugt, dass niemand den Weltrekord brechen kann, wenn er schon nach 30 oder 35 km allein ist.

Wann wird er zurücktreten? In diesem Moment, im Frühling 2005, weiß er es selbst noch nicht. Aber er ist sich bewusst, dass jetzt, mit bald 36 Jahren, der Körper jederzeit mit Verletzungen auf diese jahrelange Tortur reagieren kann. Er hatte bereits ein erstes Warnsignal, als er sich in der Vorbereitung auf den London-Marathon 2004 eine Wadenmuskelverletzung zuzog und schließlich auf das Rennen verzichten musste. Es war seine erste Verletzung nach zwölf Jahren!

Ungeachtet seines olympischen Scheiterns in Athen und ungeachtet, was er als Läufer noch erreicht: Paul Tergat wird als einer der größten Langstreckenläufer aller Zeiten in die Geschichte eingehen – und als ein echter Gentleman und Philanthrop.

Tergats Gedanken:

- Gehe nie in einen Wettkampf, wenn das Training nicht wirklich gut war und wenn du ein Gesundheits- oder Verletzungsproblem hast. – Auch wenn es dir noch so klein erscheint.
- Wenn du dich entscheidest, in einen Wettkampf zu gehen, musst du bereit sein, dein Bestes zu geben.
- Plane deine Rennen ein paar Monate im Voraus. Für ein Rennen trainieren, heißt nicht nur, sich körperlich vorzubereiten, sondern auch mental. Speziell der Marathon ist eine Disziplin, die dem Körper alles abverlangt. Wenn du nicht auch mental darauf vorbereitet bist, wirst du scheitern.
- Auch wenn du siehst, dass du dein Ziel nicht erreichen kannst, solltest du nie ein Rennen aufgeben. Wenn du einmal aufgibst, wirst du es wieder tun. Der einzige Grund, ein Rennen nicht zu beenden, ist ein Gesundheitsproblem oder eine Verletzung!

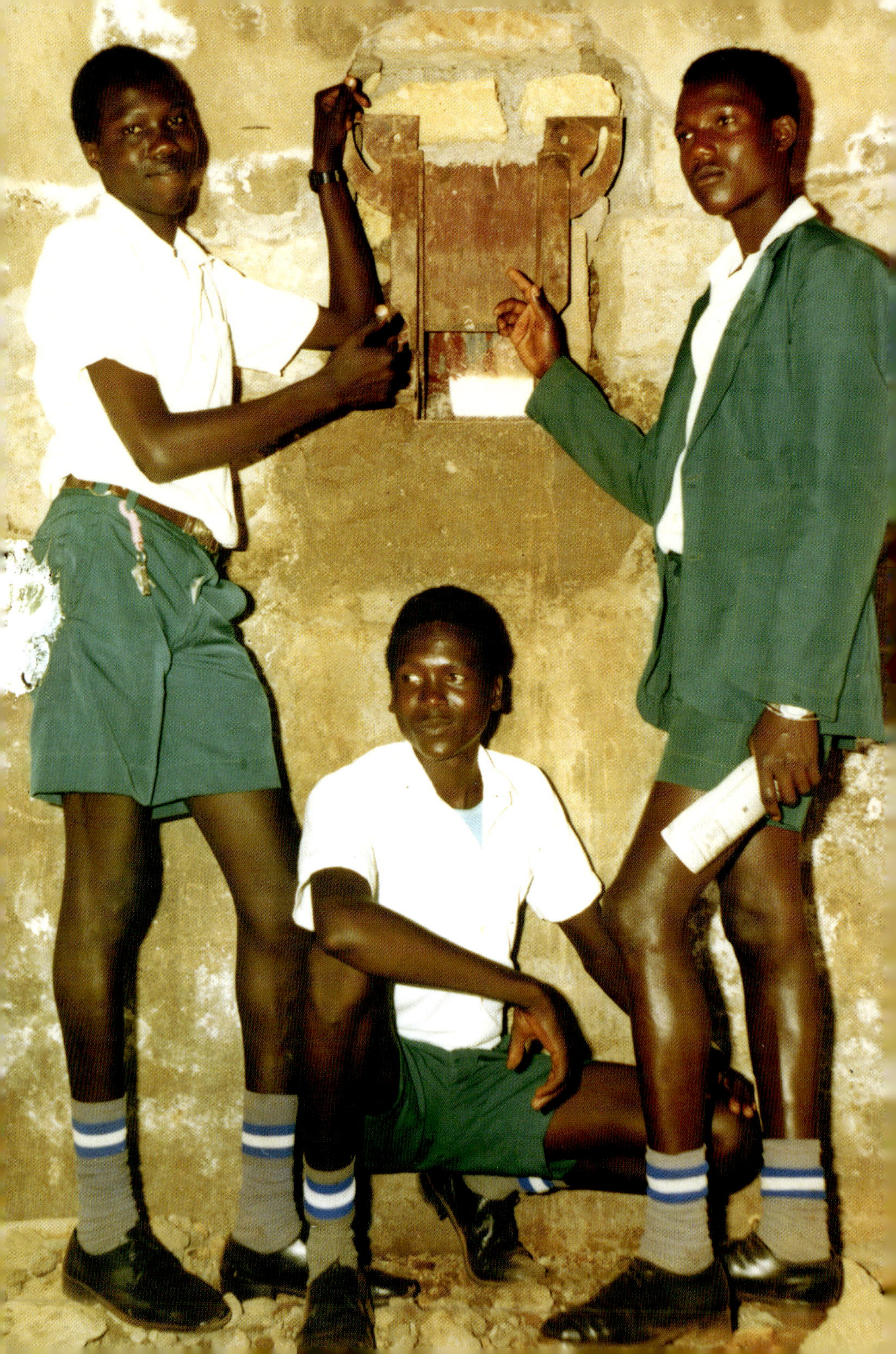

KAPITEL 2

Wie alles anfing

Auch ohne den Marathon-Olympiasieg in Athen ist Paul Tergat ein außergewöhnlicher Athlet, der vielseitigste Läufer der Neuzeit: Er war 5 x Weltmeister im Crosslauf und 2 x im Halbmarathon. Er gewann vier Silbermedaillen bei großen internationalen Titelkämpfen, zwei bei Weltmeisterschaften und zwei bei Olympischen Spielen, immer über 10.000 m. Er verbesserte Weltrekorde auf der Bahn (10.000 m, 1997) und auf der Strasse (15 km, 1994; Halbmarathon, 1998; Marathon, 2003). All diese Erfolge brachten ihm auch einen Haufen Geld ein. Was für ein Durchbruch für einen, der in einem kleinen Dorf namens Riwo im Baringodistrikt aufwuchs, von wo noch nie ein internationaler Läufer kam. Die Leute von Baringo sind Tugen, ein Volksstamm, der wie die Keyio, die Marakwet, die Nandi und die Kipsigis zu den Kalenjin gehört.

Als er 1992 zum ersten Mal ins Rampenlicht trat, waren viele andere kenianische Athleten an der Spitze, alle jünger als er, unter ihnen Matthew Birir, Olympiasieger über 3.000 m Hindernis, Moses Kiptanui, 3 x Weltmeister auf der gleichen Distanz, und Ismael Kirui, zweifacher Weltmeister über 5.000 m. Sie sind in der Zwischenzeit zurückgetreten, Tergat hat sie alle überlebt.

P.T.: *„Ich komme aus einer sehr großen Familie. Wir waren 17, zusammen mit den Halbbrüdern und -schwestern. Mein Vater hatte drei Frauen, etwas, was damals in der Landbevölkerung ziemlich alltäglich war. Unsere Häuser waren einfache Lehmhütten mit Strohdächern. Wir waren wirklich arm. Manchmal, wenn ich von der Schule kam, gab es überhaupt nichts zu essen. Deshalb blieb ich dann lieber bei Freunden. Ehrlich, das Leben war sehr hart. Ich glaube fest, dass diese schwere Kindheit mich zu dem gemacht hat, was ich heute bin. Sie gab mir die Härte und die Ausdauer, um so lange an der Spitze meines Sports zu stehen."*

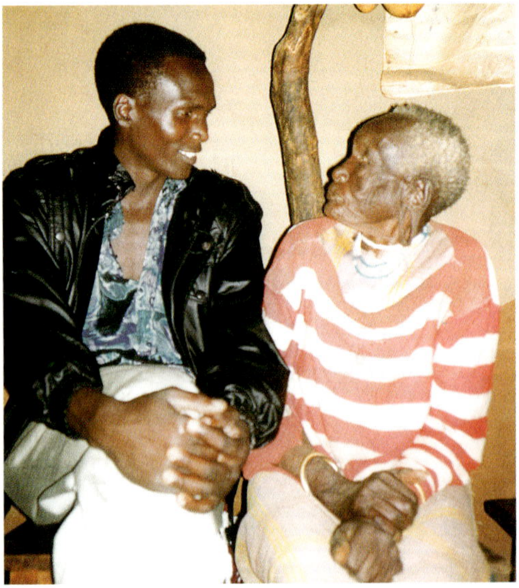

Tergat mit seiner Großmutter, die zum Zeitpunkt der Aufnahme schon über 90 war

Paul besuchte acht Jahren lang die Riwo Primary School. Er war ein sehr aufgeweckter, intelligenter Schüler – eine Gabe, die er als Geschenk Gottes bezeichnet. Lief er jeweils zur Schule, wie das den kenianischen Jugendlichen gerne nachgesagt wird? Überhaupt nicht! Die „Riwo Primary" war nur etwa zwei Kilometer von zu Hause enfernt. Mit 16 wechselte

er zur Kapkakwa Boys High School, eine Mittelschule ausschließlich für Knaben. Auch jetzt lief er kaum einmal zur Schule. Meistens holte ihn ein Schulbus ab.

P.T.: *„Meine Eltern konnten das Schulgeld nicht bezahlen. Aber ich wollte nicht zu Hause bleiben, weil ich wusste, dass die Ausbildung der Schlüssel zum Erfolg ist. So habe ich mit dem Schulleiter eine Vereinbarung getroffen. Ich bat ihn, mir die Gebühr vorübergehend zu erlassen und verspach ihm, später alles zu begleichen. Der Lehrer mochte mich sehr und willigte ein. Und als ich bei der Armee mein erstes Geld bekam, ging ich zur Schule und bezahlte alles zurück."*

Er wusste damals nichts von seinem speziellen Talent im Laufen. In der Primarschule pflegten sie nur ein wenig ums Spielfeld herumzurennen. Natürlich gab es auch schon kleinere Wettkämpfe, aber Klein-Tergat zog es immer vor, in der Staffel mit anderen zu laufen, als allein gegen sie. Es kam ihm nie in den Sinn, dass er begabter sein könnte als seine Kollegen. Er spielte auch gerne Fußball und Volleyball. Erst in der Mittelschule begann er, etwas zu laufen. Er nahm an ein paar Wettkämpfen teil, mit recht gutem Erfolg, obwohl er noch überhaupt nicht trainierte.

P.T.: *„Als Mittelschüler entwickelte ich eine große Leidenschaft für das Laufen. Immer, wenn mir eine Zeitung in die Hand fiel und ich einen Beitrag über die Leichtathletik darin fand, schnitt ich den Artikel aus. Ich fühlte mich zum Laufen hingezogen, ich spürte, dass ich diesen Sport mochte, aber es gab kein Vorbild in meiner Gegend, dem ich nacheifern konnte. Ich hatte einen ganz anderen Traum: Ich wollte Soldat werden, oder sagen wir, eine Militärkarriere einschlagen. Aber ich erinnere mich noch sehr gut an einen Tag im Sommer 1987. Ich war 18. Mein Vater nahm mich und meinen älteren Bruder John mit nach Nairobi, wo wir uns die 4. Afrikameisterschaften anschauten. Ich war begeistert. Die Athleten machten einen tiefen Eindruck auf mich. Von diesem Tag an wollte auch ich ein Läufer werden.“*

1990 trat Paul Tergat ins Militär ein, und dort war es, wo er zum Läufer wurde.

Tergats Tipps für Einsteiger

Zuerst müssen Sie sich die Frage stellen, was überhaupt Ihr Ziel ist. Wenn Sie ein Meisterläufer werden wollen, können Sie dieses Kapitel überspringen. Hier haben wir die Einsteiger im Auge, Leute, die nicht fit sind, aber ihren Lebensstil ändern und ihre Gesundheit verbessern wollen. Eines vorweg: Spaß und Fitness sollten immer im Mittelpunkt stehen. Manchmal werden Sie ziemlich hart arbeiten müssen, um die Ziele zu erreichen, aber die Freude, etwas zu schaffen, wird Sie für die Mühen entschädigen. Der Autor dieses Buches war im Juniorenalter ein recht guter Läufer auf nationaler Ebene, aber er musste wegen eines ernsthaften Rückenproblems damit aufhören. Dann begann er, Zigaretten zu rauchen, zuerst war es ein Päckchen pro Tag, dann zwei und am Ende seiner „zehnjährigen Raucherkarriere" konsumierte er bis zu drei Päckchen am Tag – speziell, wenn er als Zeitungsredakteur Nachtschicht hatte.

Er war 30, als er mit dem Rauchen aufhörte und dafür zu joggen anfing. Zuerst waren es nur ein paar hundert Meter, dann ein paar Kilometer, und nach vier Jahren schaffte er seinen ersten Marathon. Es war 1984 in New York, in dem Jahr, als selbst der italienische Sieger Orlando Pizzolato mehrmals anhalten musste, so extrem waren die Wetterverhältnisse, und das Ziel schließlich in 2:14:53 h erreichte, die langsamste Zeit in der Geschichte des NYCM. Trotz dieses brutalen Debüts beendete der Autor im Laufe der Jahre noch mehr als ein Dutzend Marathonläufe überall auf der Welt. Was für ein Genuss, ein Läufer zu sein, während einer oder zwei Stunden durch Feld und Wald zu laufen, ohne müde zu werden. Was für eine Freude, gesund und stark zu sein!

Und jetzt haben Sie sich also auch vorgenommen, etwas für Ihre Fitness zu tun. Vielleicht hat Ihnen der Spurt am frühen Morgen zur Bushaltestelle gezeigt, wie schlecht es um Ihre Kondition steht. Oder das Treppensteigen in einem Haus, wo kein Lift war. Es sind vor allem diese Alltagserfahrungen, die uns die Augen öffnen und als Weckruf dienen. Insbesondere, wenn wir nicht mehr zu den Jüngsten gehören. In diesem Kapitel zeigen wir Ihnen, wie Sie in 12 Wochen 30 Minuten am Stück laufen können – auch wenn Sie alles andere als ein Lauftalent sind.

Eine Landschaft wie gemacht für das Laufen

Das Schöne am Laufen ist ja, dass Sie es immer und überall tun können und Sie keine teure Ausrüstung kaufen müssen wie bei vielen anderen Sportarten. Zum Laufsport brauchen Sie nur zwei Sachen: gute Schuhe und eine der jeweiligen Witterung angepasste, funktionelle Bekleidung. Was heißt nun aber „gute Schuhe“? Um es vorwegzunehmen: Der teuerste muss nicht unbedingt der beste Schuh sein. Lassen Sie sich im Fachgeschäft beraten und Ihre Füße auf einem so genannten **Podoskop** (Fußspiegel) analysieren. Wenn möglich, sollte auch ein praktischer Lauftest, entweder auf dem Laufband oder vor dem Geschäft, erfolgen. So kann der geschulte Verkäufer Ihren Laufstil erkennen. Lassen Sie sich alle für Sie geeigneten Modelle – Frauen benötigen spezielle – zeigen und ziehen Sie zur Anprobe Trainingssocken an. Kaufen Sie die Schuhe nicht zu knapp: Im Stehen sollten Sie noch 1 cm Platzreserve haben.

Die Sportbekleidung hat in den letzten Jahren enorme Fortschritte gemacht. Heute gilt das Motto: „Schlechtes Wetter gibt es nicht, nur schlechte Bekleidung!“ Mit Schweiß voll gesogene Baumwollleibchen sind endgültig „out“. Die modernen Funktionsgewebe transportieren den Schweiß vom Körper nach außen und schützen gleichzeitig vor Verkühlung. Vorausgesetzt, Sie beginnen nicht gerade im tiefsten Winter mit dem Laufsport, sondern im Frühling oder Sommer, genügt für den Anfang Folgendes:

Ihre erste Laufausrüstung:

- Laufschuhe
- Laufsocken
- Shorts und/oder Tights
- Singlet oder Funktions-T-Shirt
- Eventuell Regenjacke

Eines möchten wir Ihnen noch mit auf den Weg geben, bevor Sie nun voller Begeisterung und Tatendrang aus dem Haus stürmen: Die Einstiegshürde im Laufsport ist relativ hoch, in den ersten 10 oder 20 Trainingseinheiten werden Sie sich kaum wie ein begnadeter Läufer fühlen, eher wie ein schwerfälliger Klotz. Lassen Sie sich davon nicht entmutigen, es geht anderen nicht besser! Suchen Sie sich Gleichgesinnte oder schließen Sie sich einer Laufgruppe an, dann ist der Anfang halb so schwer.

Am besten folgen Sie unserem bewährten Trainingsprogramm für Einsteigerinnen und Einsteiger. Dann werden Sie in 12 Wochen 30 Minuten oder etwa 5 km am Stück laufen können. Und das ist doch schon etwas!

IN 12 WOCHEN 30 MINUTEN LAUFEN

1. WOCHE

Di: 10 min zügig walken und Stretching; 3 x 1 min leichtes Traben, dazwischen 2 min zügig walken; Stretching

Do: Wie Di

So: 10 min zügig walken und Stretching; 3 x 2 min leichtes Traben, dazwischen 2 min walken, Stretching

2. WOCHE

Di: 10 min zügig walken und Stretching; 3 x 2 min traben, dazwischen 1 min walken; Stretching

Do: 10 min zügig walken und Stretching; 1-2-3-2-1 min traben, dazwischen 1 min walken; Stretching

So: 10 min zügig walken und Stretching; ein Durchgang auf einem Fitnessparcours (mit Kraftübungen), zwischen den Stationen, wenn möglich, traben. Alternativen: Aquafit (Wassergymnastik und Aquajogging) oder Kraftprogramm (zwischen den Übungen leicht traben); Stretching

3. WOCHE

Di: 10 min zügig walken und Stretching; 3 x 3 min traben, dazwischen 1-2 min walken; Stretching

Do: 10 min walken und Stretching; 3 x 5 min traben, dazwischen 1-2 min walken; Stretching

So: Wie Do

4. WOCHE

Di: 10 min zügig walken und Stretching; 2-3-4-5-4-3-2 min traben, dazwischen 1-2 min walken; Stretching

Do: 10 min zügig walken und Stretching; 5-8-5 min traben, dazwischen 1-2 min walken; Stretching

So: 10-15 min eintraben oder walken und Stretching; ein Durchgang auf dem Fitnessparcours (alle Übungen, zwischen den Stationen traben) oder Aquafit oder Kraftprogramm (zwischen den Übungen leicht traben); Stretching

5. WOCHE

Di: 10 min zügig walken und Stretching; 6-10 x 3 min traben, dazwischen 1 min zügig walken; Stretching

Do: 10 min eintraben oder walken und Stretching; 3 x 10 min traben, dazwischen 2 min zügig walken; Stretching

So: 10-15 min eintraben oder walken und Stretching; 30 min abwechselnd 2 min laufen, 1 min traben; Stretching

6. WOCHE

Di: 10-15 min eintraben oder walken und Stretching; 3 x 10 min laufen, dazwischen 2 min ganz langsam traben; Stretching

Do: 10-15 min eintraben oder walken und Stretching; 2 x 15 min ununterbrochen laufen, dazwischen 3-5 min walken; Stretching

So: 10-15 min eintraben oder walken und Stretching; 3 x 10 min laufen, dazwischen 1 min zügig walken; Stretching

7. WOCHE

Di: 10-15 min eintraben oder walken und Stretching; 2 x 15-20 min laufen, dazwischen 5 min Pause mit Stretching; Stretching

Do: 10-15 min eintraben oder walken und Stretching; 20 min laufen, die letzten 5 min langsam; Stretching

So: Wie Di

8. WOCHE

Di: 10-15 min eintraben oder walken und Stretching; 3 x 10 min traben, dazwischen 2 min zügig walken; Stretching

Do: 10-15 min eintraben oder walken; Stretching; 20-30 min laufen in profiliertem Gelände (eventuell längere Steigungen walken); Stretching

So: 10-15 min eintraben oder walken und Stretching; 30 min ununterbrochen laufen; die letzten 5 min langsam; Stretching

9. WOCHE

Di: 10-15 min eintraben oder walken; Stretching; 2 x 15 min laufen, dazwischen 2 min zügig walken; Stretching

Do: 10-15 min eintraben oder walken; Stretching; 6-10 x 1 min flüssig laufen, dazwischen 1 min ganz langsam laufen oder zügig walken; 5-10 min austraben; Stretching

So: 10-15 eintraben oder walken; Stretching; 30-40 min ununterbrochen langsam laufen; Stretching

10. WOCHE

Di: 10-15 min eintraben oder walken; Stretching; 2 x 20 min laufen, dazwischen 2 min zügig walken; Stretching

Do: 10-15 min eintraben oder walken; Stretching; 30-40 min ununterbrochen langsam laufen; Stretching

So: Wie Di

11. WOCHE

Di: 10-15 min eintraben oder walken; Stretching; abwechselnd 2-3 min laufen, dazwischen 2-3 min zügig walken (ca. 30 min lang); 5-10 min austraben oder walken; Stretching

Do: 10-15 min eintraben oder walken; Stretching, 2 x 15 min ganz langsam laufen, dazwischen zügig walken; Stretching

So: 10-15 min eintraben oder walken; Stretching; 30-40 min ununterbrochen laufen in profiliertem Gelände (eventuell Steigungen zügig walken), letzte 5 min ganz langsam traben; Stretching

12. WOCHE

Di: 10-15 min eintraben oder walken; Stretching; 3 x 10 min laufen, dazwischen 2 min zügig walken; Stretching

Do: 10-15 min eintraben oder walken; Stretching; 20-30 min ganz langsam traben; Stretching

So: 10 min eintraben oder walken; Stretching; 30 min ununterbrochen laufen in zügigem Tempo; Stretching

Wichtig: Ein Kraftprogramm (z. B. Kraftgymnastik mit dem eigenen Körper oder Aquafit, d. h. Gymnastik und Laufen im schwimmtiefen Wasser mit einer speziellen Weste) sollten Sie 1-2 x pro Woche ins Training einbauen.

Statisches und dynamisches Stretching

Eine **statische Dehnung** wird ohne Wippen ausgeführt. Dabei wird eine Position eingenommen, in der ein Zug – aber kein Schmerz – im Muskel spürbar ist (30-60 Sekunden). Das statische Dehnen kann überall durchgeführt werden (nach dem Training, zu Hause, im Bus oder in der Tram). Beim Auslaufen normalisiert statisches Stretching den Spannungszustand der Muskulatur. Deshalb ist statisches Dehnen zur Erholung sinnvoll, nicht aber als unmittelbare Vorbereitung auf eine dynamische Belastung (schnelles Training, Wettkampf).

Vor schnellen, dynamischen Bewegungen sollte in erster Linie **dynamisch gedehnt** werden. Dabei wird der Muskel wie beim statischen Stretching in eine Ausgangsposition gebracht, in welcher ein leichter Zug spürbar ist. In dieser Stellung werden dann 5-10 kleine, wippende Bewegungen ausgeführt. Zum Einlaufen eignen sich übrigens auch die klassischen Gymnastikübungen bestens.

Paul Tergat auf dem Weg zu seinem ersten nationalen Titel im Februar 1992. Ebenfalls im Bild: der inzwischen verstorbene Richard Chelimo (links) und William Koech (Mitte)

Erstes Preisgeld beim IAAF-Cross in Nairobi

KAPITEL 3

In einem Jahr an die Spitze

Vor seiner Militärzeit dachte Paul Tergat nicht im Traum daran, dass er einmal ein ganz großer Läufer werden könnte. Die militärische Grundausbildung „genoss" er während neun Monaten in Eldoret, heute die „Welthauptstadt des Laufens". Hier wurden die Weichen für seine Zukunft gestellt.

P.T.: *„Das Militär veränderte mein Leben total. Wie die Instruktoren mit uns umgingen – was für ein Unterschied zum Leben, das ich gewohnt war. Wir hatten wenig Schlaf, mussten immer sehr früh aufstehen, jeden Morgen laufen gehen, dann die Übungen mit den hinderlichen Stiefeln und das Marschieren mit schwerem Gepäck – es war hart. Aber gleichzeitig hat es mich geformt. Und es gab mir ein Gefühl des Stolzes. Es gab mir Motivation. Ich lernte, geduldig zu sein und, dass du nur in einem Team erfolgreich sein kannst. Du kannst im Leben nie die Spitze erreichen ohne die Hilfe von anderen."*

Im Dezember 1990 wurde er nach Nairobi versetzt, wo er zur Luftwaffe kam. Ein ganzes Jahr lang musste er sich einem Spezialtraining unterziehen mit sehr viel Theorie. Sein Spezialgebiet war die Versorgung, er arbeitete im zentralen Materialdepot, das die gesamte Luftwaffe vom Schreibzeug bis zu den Ersatzteilen für die Kampfflugzeuge belieferte. Er war stolz, ein Teil der Luftwaffe zu sein, in der zu jener Zeit auch Moses Tanui, 1991 Weltmeister über 10.000 m und später einer der besten Marathonläufer der Welt, sowie William Tanui, Olympiasieger 1992 über 800 m, dienten. Die Armee war neben dem Gefängnis und der Polizei die einzige Institution, die einen talentierten Athleten förderte. Die meisten guten Läufer kamen von der Armee. Es gab noch keine Trainingscamps, gesponsert von Schuhfirmen oder ausländischen Agenten. 10 Jahre später unterhalten alle wichtigen europäischen Athletenvertreter ihre eigenen Camps – insgesamt sind es mehr als 30. Und einige der Manager organisieren ihre eigenen Rennen und rekrutieren dort die neuen Komens oder Kiptanuis.

Im Jogging-Tempo zum Start bei den „Nationals“: in Weiß die Athleten der Armee

Jetzt wurde Paul Tergat ein richtiger Läufer. In Nairobi lief er jeden Morgen in einer großen Gruppe immer auf der gleichen 15-km-Runde um den Luftwaffenstützpunkt herum, und manchmal am Abend noch einmal. Das Tempo war fast immer gleich, ein einfaches Ausdauertraining. Er hatte ja immer noch einige Schulstunden abzusitzen und wollte seine Energie nicht beim Laufen verschwenden. Und ehrlich, er hatte damals auch überhaupt keine Ahnung von einem richtigen Training. Dann kam der erste Wettkampf zwischen den verschiedenen Einheiten. Tergat landete ziemlich weit hinten, aber der Coach war trotzdem beeindruckt, wie dieser Neue lief, und er lud ihn ins Trainingslager ein, in dem sich die Laufasse drei Monate lang auf die Armeemeisterschaften vorbereiteten. Zum ersten Mal war er nun bei seinen Helden und Vorbildern. Sie trainierten zusammen, sie schliefen in den gleichen Zelten, sie teilten sich das gleiche Essen – und sie waren in keiner Weise anders als er. Sie waren ganz gewöhnliche Menschen. Da merkte er, dass er mit ihnen mithalten konnte.

P.T.: *Als ich die Möglichkeit bekam, mit den Besten zu trainieren, sah ich das als meine große Chance. Ich begann, wirklich hart zu arbeiten. In diesen paar Monaten Ende 1991 und Anfang 1992 absolvierte ich zum ersten Mal ein richtiges Trainingsprogramm mit langen Einheiten, Fahrtspielen, Hügelläufen usw. 3 x am Tag, sechs Tage in der Woche. Und am Ende des offiziellen Trainings hängte ich manchmal noch ein paar Kilometer an.“*

Pferderennbahn Ngong, IAAF-Cross 1992

Die Armee-Crossmeisterschaften wurden in Nanyuki ausgetragen, am nordwestlichen Fuß des Mount Kenya. Obwohl er im Training und auch in eine paar lokalen Rennen immer noch hinter den anderen war, schaffte er den dritten Rang.

Zwei Monate später war Paul Tergat bereits an der Spitze der kenianischen Laufszene: Er gewann die nationalen Crossmeisterschaften auf der Pferderennbahn Ngong mit einem großen Vorsprung und eine Woche später auch das IAAF-Cross, das am gleichen Ort stattfand. Nun erhielt er zum ersten Mal sogar etwas Preisgeld: 60.000 Ksh, damals etwa 1.000 US-$, für den 22-Jährigen eine beträchtliche Summe.

Von seinem ersten Preisgeld baute Tergat dieses Haus in Riwo für seine Mutter

Tergat hatte nun seine Vorbilder allesamt überholt – durch Talent, harte Arbeit und Zielstrebigkeit. In wenigen Wochen war er vom Namenlosen zum Kronfavoriten für die Crossweltmeisterschaften in Boston aufgestiegen. Doch dann kam die Verletzung. Weil überall Schnee lag, beorderte Coach Mike Kosgei seine Schützlinge zu einem schnellen Training auf die Straße. Und da passierte es: Plötzlich spürte Tergat einen Stich in der Wadenmuskulatur. Zuerst war es nur ein leichter Schmerz, aber bis zum Abend konnte er nicht einmal mehr gehen. Und mit einem Mal wurde ihm klar, dass das Weltmeisterschaftsrennen ohne ihn stattfinden würde.

P.T.: *„Ich war völlig gebrochen. Es war eine schreckliche Erfahrung. Ich konnte nicht glauben, was mir geschah. Dort zu sein und nicht in der Lage zu laufen – ich ging in mein Zimmer und weinte. Ich werde das in meinem ganzen Leben nie vergessen. Aber das Schlimmste kam erst noch. Als wir zurück in Kenia waren, kümmerte sich kein Mensch um mich. Niemand vom Verband half mir, die richtige Behandlung zu bekommen. Es war der Schweizer Journalist Jürg Wirz, der mir als Erster seine Hilfe anbot. Da realisierte ich, dass du in dieser Welt nur ein paar Freunde hast, um die du dich ein Leben lang kümmern musst.“*

Doktor Gabriele Rosa, der gerade damit begonnen hatte, ein paar kenianische Athleten zu trainieren, erinnerte sich nun auch an diesen jungen Läufer, den er in Nairobi gesehen hatte. Er lud Tergat für die Behandlung in seine Klinik in der italienischen Stadt Brescia ein. Das war der Beginn einer sehr erfolgreichen Zusammenarbeit. Aber es dauerte zwei volle Jahre, bis sich Paul Tergat ganz von der Verletzung und den psychischen Schmerzen erholt hatte.

Tergats Tipps für den ersten Wettkampf

Sie laufen jetzt schon einige Monate und denken vielleicht daran, Ihr Leistungsvermögen bei einem Straßenlauf zu testen. Die 5 km haben Sie inzwischen ja sicher im Griff, aber wie steht's mit einem Wettkampf über 10 oder vielleicht sogar 15 km? Eines vorweg: Wagen Sie sich nicht an eine Distanz, die Sie nicht schon vom Training her kennen.

So wird der erste Wettkampf zum Erfolg:

- Wählen Sie eine Strecke, die nicht zu schwer ist, also möglichst wenig Steigungen aufweist.
- Die letzte Mahlzeit – etwas Leichtverdauliches – sollten Sie 3-4 Stunden vor dem Start einnehmen, danach höchstens noch einen Energieriegel sowie Flüssigkeit.
- Ziehen Sie Laufschuhe an, die Sie im Training schon öfters getragen haben. Keine neuen Schuhe!
- Laufen Sie sich nicht lange ein. 10 Minuten leichtes Traben und ein paar dynamische Stretchingübungen genügen; auch die klassischen Gymnastikübungen eignen sich vor einem Wettkampf bestens.
- Stellen Sie sich am Start im hinteren Drittel des Feldes auf, dann sind Sie schnelleren Läufern nicht im Weg und finden besser zu Ihrem Laufrhythmus.
- Versuchen Sie, von Anfang an in Ihrem Tempo zu laufen und lassen Sie sich nicht von anderen mitreißen. Die meisten starten zu schnell.
- Wenn es Ihnen gelingt, auf den letzten Kilometern noch Läufer zu überholen, dann wird Ihr erster Wettkampf garantiert zum Erfolgserlebnis.

Jetzt, wo Sie zum richtigen Läufer geworden sind, ist es höchste Zeit, dass Sie sich auch ein paar Gedanken über den Laufstil machen. Mit dem richtigen Bewegungsablauf sparen Sie nicht nur Energie, Sie vermeiden auch Verletzungen.

Sie haben natürlich Recht: Jeder Mensch entwickelt beim Laufen einen individuellen, unverkennbaren Stil. Körperhaltung und Laufstil spiegeln den Körperbau und das Körpergefühl wider. Wir laufen so, wie es uns angenehm ist. Trotz aller Individualität gibt es aber ein paar Gesetzmäßigkeiten und Grundregeln, die Sie vor allem dann beherzigen sollten, wenn Sie als Läufer Ambitionen haben. Denn eine gute Lauftechnik macht auch schneller. Ökonomisch laufen heißt, mit weniger Aufwand und weniger Energieverlust laufen. Hilfreich sind in diesem Zusammenhang die so genannten **Laufschulübungen**, auch **Lauf-Abc** genannt.

Mindestens 1 x pro Woche sollte in ein etwa einstündiges Training eine 10-20-minütige Laufschule integriert werden. Und so geht's: Suchen Sie sich eine leicht ansteigende Strecke, laufen Sie sich 10 Minuten locker ein und beginnen Sie dann mit den einzelnen Übungen (jeweils rund 20 Sekunden). Nach der ersten Übung traben Sie zurück und machen die zweite Übung usw. Nach der Laufschule beginnen Sie dann Ihren Dauerlauf.

Fußgelenkarbeit

Traben mit ganz kleinen Schritten und hoher Frequenz aus dem Fußgelenk heraus. Die Fußspitze hebt möglichst wenig vom Boden ab, das Standbein bleibt jeweils gestreckt.

Skipping

Die Knie abwechselnd bis in die Horizontale anheben. Der Oberkörper bleibt aufrecht. Nicht zurücklehnen!

Anfersen

Leicht trabend, die Fersen abwechselnd bis zum Gesäß hochschlagen, der Oberschenkel zeigt senkrecht in Richtung Boden.

Sprunglauf

Mit einem kräftigen Abdruck wird der normale Laufschritt verlängert, die Sprunghöhe nimmt zu. Das Knie des Schwungbeins zur Horizontalen anziehen.

Steigerungslauf

Das Tempo wird über eine Strecke von 80-100 m Metern kontinuierlich gesteigert. Steigerungsläufe können im Rahmen einer Laufschule oder als Abschluss eines Dauerlaufs durchgeführt werden. 5-8 Steigerungsläufe, dazwischen etwa eine Minute Pause.

Die Körperhaltung beim Laufen:

Kopf: Der Kopf ruht aufrecht auf den Schultern, möglichst entspannt, der Blick geht geradeaus.

Schultern: Die Schultern locker und entspannt lassen, nicht hochziehen.

Arme: Ober- und Unterarm bilden immer etwa einen rechten Winkel, der während der ganzen Armbewegung bestehen bleibt. Die Arme parallel am Oberkörper vorbeiführen.

Hände: Die Hände sind leicht geöffnet, die Finger entspannt; der Daumen ruht auf dem Zeigefinger.

Rumpf: Der Rumpf stabilisiert die gesamte Laufbewegung. Er ist leicht nach vorne gebeugt, aber aufrecht. Kein Hohlkreuz!

Hüften/Beine: Der Schritt ist flüssig, aber nicht zu lang. Vollständige Streckung von Knie und Hüfte beim Abstoß.

Füße: Der Fuß sollte etwas vor der Körperachse aufsetzen. Beim Aufsetzen auf dem Boden sind fast alle Fußpositionen möglich (Landung auf Ferse, Mittelfuß oder Vorfuß).

Dem Gelände angepasst

Beim **Bergauflaufen** sollte der Schritt verkürzt und der Abdruck intensiviert werden; die Arme schwingen kräftig mit. Der Oberkörper wird etwas stärker nach vorne geneigt. Wichtig ist es, den Schritt aus dem Fußgelenk herauszudrücken, um die Oberschenkelmuskulatur zu entlasten.

Beim **Bergablaufen** treten die höchsten Belastungen auf (Bergablaufen führt zu Muskelkater, nicht der Aufstieg!). Im Training sollten deshalb Bergabpassagen mit gedrosseltem Tempo bewältigt werden. Beim Bergablaufen wird der Fuß flach auf dem Außenrand aufgesetzt, der Oberkörper ist etwas zurückgeneigt.

PIRELLI
25TH IAAF
WORLD
CROSS COUNTRY
CHAMPIONSHIPS
PIEMONTE '97

KAPITEL 4

König im Crosslauf und im Halbmarathon

Im September 1992 war Paul Tergat zurück in Aktion und belegte bei der ersten Halbmarathonweltmeisterschaft in Newcastle den fünften Rang. Aber als die nächsten Crossweltmeisterschaften im spanischen Amorebieta ausgetragen wurden, war er noch immer nicht in der Form des Vorjahres. Mann der Stunde war William Sigei, ein 23-jähriger Luftwaffenkorporal aus Kericho. Sigei hatte die kenianischen Armeemeisterschaften und die nationalen Meisterschaften gewonnen und wurde in Spanien Weltmeister.

Tergats Zeit kam 1995 in Durham (GBR). Sigei, der 1994 in Budapest nochmals triumphiert hatte, war mit einer Verletzung out und

Kenias Nationalcoach Mike Kosgei sagte schon vor dem Rennen, dass Tergat der Läufer sei, auf den es zu achten gelte. Er war schon im Trainingscamp die Nummer eins und damit der designierte Feldherr, dem sich die anderen im Rennen unterzuordnen hatten. Seit Budapest hatte der groß gewachsene Kenianer eine Weltbestleistung über 15 km erzielt und die kenianischen Crossmeisterschaften im Februar 1995 gewann er mit einem Riesenvorsprung von 15 Sekunden. James „Rambo“ Songok und Ismael Kirui wurden von Kosgei als wichtigste Helfer und Tempomacher abkommandiert. Tergat übernahm vor der letzten der fünf Runden die Führung und wurde nicht mehr eingeholt. Haile Gebrselassie wurde Vierter hinter Kirui und dem Marokkaner Salah Hissou.

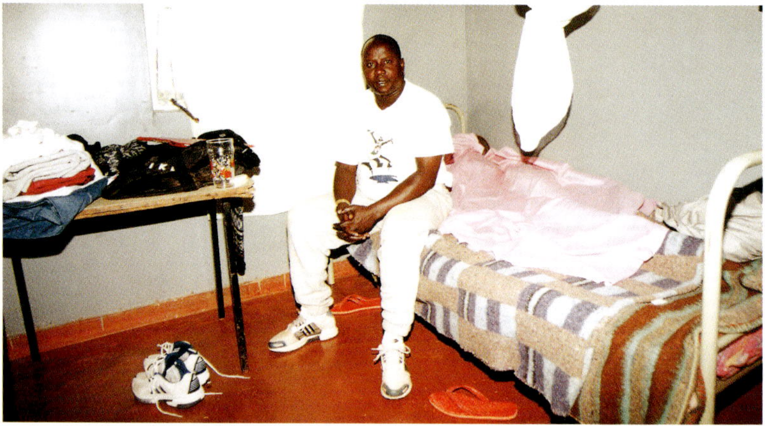

Nationalcoach Mike Kosgei in seinem kargen Zimmer im Trainingscamp in Embu

Jetzt war das Eis gebrochen. Tergat wurde beinahe unschlagbar. Sein Selbstvertrauen wuchs mit jedem Jahr und jedem weiteren WM-Titel: 1996 in Stellenbosch (RSA) war er 12 Sekunden vor Hissou, 1997 in der italienischen Stadt Turin gelang es Hissou, nun der Weltrekordinhaber über 10.000 m, bis auf der Zielgeraden bei Tergat zu bleiben. „Es war der Schwierigste meiner drei Siege“, gab Tergat zu, nachdem er das Ziel unter Aufbietung seiner letzten Kraftreserven mit einem minimalen Vorsprung von zwei Sekunden erreicht hatte.

DURHAM 1995

STELLENBOSCH 1996

TURIN 1997

MAILAND 1998

Trainieren, Essen und Schlafen

In Kenia hat der Crosslauf einen sehr hohen Stellenwert. Die Trainer sind überzeugt, dass Wettkämpfe im Gelände die beste Vorbereitung für die Bahnsaison sind, für die Mittelstreckenläufer genauso wie für die Langstreckler. Crosscountry ist in Kenia eine Religion. Kein Wunder, haben die Kenianer diese Leichtathletikdisziplin derart dominiert. In den 32 Jahren, seit es offizielle Crossweltmeisterschaften gibt (1973-2004), gewannen sie 204 Medaillen, gefolgt von Äthiopien (171) und den USA (57), und eine Rekordzahl von 58 Mannschaftstiteln. 1991, 1993, 1995 und 1996 gingen sogar sämtliche Teamgoldmedaillen an Kenia. Der Mann, der in der Geschichte der Cross-WM das meiste Gold hamsterte, ist Paul Tergat mit fünf Einzel- und acht Mannschaftsmedaillen.

Wenn sich das Crossnationalteam jeweils in Embu, am Fuße des Mount Kenya, auf die Weltmeisterschaften vorbereitet, herrscht ein sehr strenges Trainingsregime. Im St. Mark's College bestehen die Tage aus drei Beschäftigungen: Trainieren, Essen und Schlafen, 6 x in der Woche. Der Sonntag ist trainingsfrei. Laut Coach Mike Kosgei ist das der Tag, „wenn die Athleten beten und Gott um mehr Energie bitten".

An einigen Tagen gibt es ein Morgentraining um 6 Uhr früh. Um 7.30 Uhr ist Frühstück. Danach wird für zwei Stunden ausgeruht oder nochmals geschlafen. Nach dem 10-Uhr-Training – jeweils die härteste Einheit des Tages – gibt es Tee. Mit-

tagessen ist um 13 Uhr, wieder gefolgt von Ruhe bzw. Schlaf vor dem 16-Uhr-Training. (Kosgei: „Ruhe nach dem Essen ist essenziell.“) Das Nachtessen ist um 19.30 Uhr, verbunden mit den „Gedanken des Coachs“. Es wird über das Training des zu Ende gehenden Tages gesprochen und über das Programm des nächsten Tages. („Die Athleten können sich bereits gedanklich mit dem Fahrtspiel oder den Hügelläufen von morgen befassen, wenn sie im Bett liegen.“) Manchmal bleibt noch ein bisschen

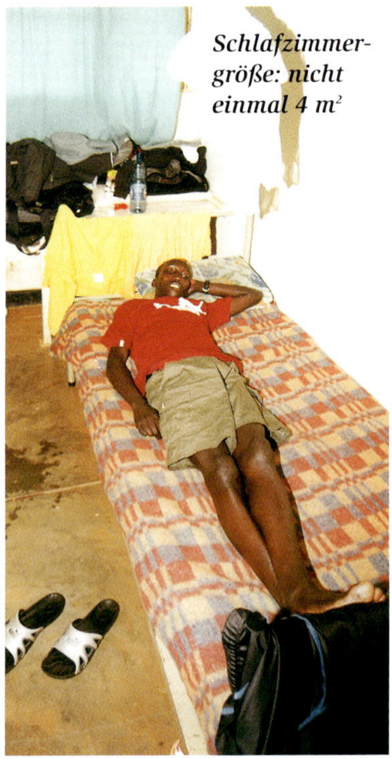

Schlafzimmergröße: nicht einmal 4 m²

Zeit zum Fernsehen – wenigstens die nationalen Nachrichten. Um 21 Uhr oder 21.30 Uhr schlafen sie alle.

Es ist kein Zufall, dass die Kenianer das Haupttraining um 10 Uhr machen. Kosgei: „Um diese Tageszeit hat ein Athlet noch viel Energie. Der andere Punkt: Wenn man bis um 16 Uhr mit der harten Einheit wartet, bleibt nicht genügend Zeit für die Erholung. Man kann nicht hart trainieren, essen und dann schlafen gehen.“

So trainieren die Kenianer, wenn sie in Embu sind:

1. WOCHE

Mo: 06.00: –
10.00: 25 km langsam
16.00: –

Di: 06.00: –
10.00: 10 km langsam + Beweglichkeit
16.00: 4 km Einlaufen + 30 min Kraftcircuit

Mi: 06.00: 45 min langsam
10.00: 15 km Mitteltempo + Stretching
16.00: 10 km langsam + Beweglichkeit

Do: 06.00: 45 min langsam
10.00: 8 km schnell (90-95 % Belastung)
16.00: 10 km langsam + Beweglichkeit

Fr: 06.00: –
10.00: 18 km Mitteltempo
16.00: 6 km Jogging und Koordinationsübungen
(um die Milchsäure abzubauen)

Sa: 06.00: 45 min langsam
10.00: 10 km Fahrtspiel (3-2-1-0,5 min schnell
mit 3/2/1/1 min langsam)
16.00: 10 km langsam

So: Kirche/Erholung

2. WOCHE

Mo: 06.00: –
10.00: 18 km langsam
16.00: 10 km Mitteltempo

Di: 06.00: 45 min langsam
10.00: 6 km Einlaufen, 25 x 200 m Schnelligkeit (flach), 4 km Jogging
16.00: 10 km langsam

Mi: 06.00: 45 min langsam
10.00: 15 km Mitteltempo
16.00: 10 km langsam

Do: 06.00: 45 min langsam
10.00: 8 km Jogging, 25 x 200 m steiler Hügel (75-80 % Belastung, zurückjoggen), Auslaufen
16.00: 11 km langsam

Fr: 06.00: –
10.00: 20 km langsam/16.00: –

Sa: 06.00: 45 min langsam
10.00: 15 km „leichtes Fahrtspiel“ (3-2-1-0,5 min schnell mit 3-2-1-1 langsam), Stretching
16.00: 8 km Jogging auf Rasen

So: Kirche/Erholung

3. WOCHE

Mo: 06.00: –/10.00: 30 km Regeneration/16.00: –

Di: 06.00: –/10.00: 15 km Mitteltempo
16.00: 10 km langsam + Gymnastik

Mi: 06.00: 45 min langsam
10.00: 12 km schnell + Beweglichkeit
16.00: 8 km leichtes Jogging + Gymnastik

Do: 06.00: –/10.00: 20 km Regeneration
16.00: 6 km Jogging auf Rasen + Stretching

Fr: 06.00: 45 min langsam
10.00: 8 km Einlaufen, 25 x 100 m Hügel
(weniger steil und kürzer als in der 2. Woche,
75-80 % Belastung, zurückjoggen), Auslaufen
16.00: 15 km langsam

Sa: 06.00: –/10.00: 18 km Mitteltempo + Beweglichkeit
16.00: 13 km leichtes Jogging

So: Kirche/Erholung

4. WOCHE (Reise- und Wettkampfwoche)

Mo: 06.00: –
10.00: 10 km langsam
16.00: 8 km Einlaufen + Beweglichkeit

Di: 06.00: 45 min langsam
10.00: 10 km Mitteltempo
16.00: 6 km leichtes Jogging

Mi: Reisetag. Nach der Ankunft: 12 km Laufen in der Gruppe (auf der Wettkampfstrecke)

Do: 15.00: 15 km langsam

Fr: 12.00: Jogging auf der Strecke

Sa: Cross-WM

Ein Jahr später, im marokkanischen Marrakesch, zog Paul Tergat mit John Ngugis formidablem Rekord von vier aufeinander folgenden WM-Siegen gleich. Er übernahm die Führung erst, als die Ziellinie in Sicht war und ließ dem Teamkollegen Paul Koech keine Chance. Was für ein Unterschied im Stil, als die beiden die Zielgerade herunterjagten: der kleinere Koech mit seinen rudernden Armbewegungen im Kontrast zu Tergats aufrechter Eleganz. Nach 12.000 m lagen die beiden fünf Sekunden auseinander. Es war 1999 in Belfast, wo sich Paul Tergat mit dem fünften WM-Sieg in Serie krönte, etwas, was noch kein Mensch vor ihm erreicht hatte. Diesmal wurde Landsmann Patrick Ivuti Zweiter. Tergat bezeichnete die Strecke später als „die härteste von allen“. Nicht nur gewann er an diesem 25. März seinen fünften Einzeltitel, er nahm auch sein siebtes Teamgold mit und garantierte sich damit einen Platz in der Galerie der Unsterblichen.

1999 in Belfast: Aufwärmen im Team

P.T.: *„Ich komme vom Land. Im Cross habe ich mich immer zu Hause gefühlt. Diese Art von Rennen waren meine Ersten, als ich mit Laufen begann, und hier feierte ich meine ersten Erfolge. Cross mochte ich immer am liebsten. Es war meine Welt, meine Leidenschaft. Ich wusste, wenn ich in Form war, konnte mich niemand schlagen, egal, wie das Wetter war. Es machte mir nichts aus, ob die Strecke schlammig war oder trocken, hügelig oder flach. Ich bin sehr stolz, 5 x gewonnen zu haben. Bevor die IAAF im Jahre 1998 zusätzlich die Kurzstrecke einführte, waren alle Weltklasseathleten von 1.500 m bis zum Marathon im gleichen Rennen. Die Crossweltmeisterschaften waren von allen Langstreckenrennen am schwierigsten zu gewinnen.“*

Tergat gewann 5 x in Folge und er hätte im Jahre 2000 in Vilamoura sogar eine sechste Krone hinzufügen können oder sollen. Aber dort verbrauchte er zu viel Substanz in der Nacht vor dem Rennen, wo es in mehreren Meetings mit den Teamverantwortlichen um die Einbeziehung von Charles Kamathi ging. Kamathi führte den Zwischenstand im IAAF Cross-Challenge-Wettbewerb an und hatte Tergat im Laufe des Winters 3 x geschlagen, war bei den nationalen Meisterschaften aber nur 13. geworden. Er wurde von den Offiziellen Joshua Chelang'a vorgezogen, ein Jahr zuvor in Belfast Vierter und bei den „Nationals“ auf dem achten Rang.

Tergat und Joshua Chelang'a

Es sickerte durch, dass die Teamverantwortlichen der Meinung waren, Kamathi könne als Leader der Crosswertung außer Konkurrenz laufen. Aber die IAAF hatte die Regeln betreffend Einzelstarter geändert, sodass Kenia wie alle anderen Länder nur sechs Läufer ins Rennen schicken durfte. Tergat, aber nicht nur er, wollte Chelang'a, einen Fila-Teamkollegen, von dem er wusste, dass er sich als Tempomacher für ihn aufopfern würde. Aber die Offiziellen blieben hart und entschieden damit auch gegen den „König". Im Rennen kam es dann, wie es kommen musste: Die Kenianer hatten keine Teamtaktik, es war ein wirrer Haufen von Einzelkämpfern. Und so wurde Tergat nur Dritter, zwei Sekunden hinter dem in Marokko geborenen Belgier Mahammed Mourhit und eine hinter dem Äthiopier Assefa Mezegebu. Auch heute ist Tergat immer noch überzeugt, dass ihm die kenianische Teamführung den sechsten WM-Titel gestohlen hat. Und er regt sich immer noch auf, wenn er über die „Nacht von Vilamoura" redet.

P.T.: *„Auch ich habe Schwächen. Mein schwächster Punkt ist, dass ich sehr emotional bin. Wenn etwas nicht nach Plan läuft, stört mich das nicht nur, es kann mich richtig aus der Bahn werfen. Ich war nicht mehr in der Lage, mich auf das Rennen zu konzentrieren. Wir diskutierten bis in die frühen Morgenstunden mit den Teamverantwortlichen. Als einer von ihnen, einer, der in seinem Leben nie ein Läufer war, mir sagte, mein Job sei nichts anderes als Laufen, platzte mir der Kragen. Diese Leute reisen in der Weltgeschichte herum, aber haben keine Ahnung, wie wichtig Teamwork im Langstreckenlauf ist, speziell im Cross. Alle meine fünf Titel hatte ich auch dank der Hilfe meiner Mannschaftskollegen gewonnen. Es war am Morgen um 9 Uhr, zwei Stunden vor dem Start, als wir uns schließlich entschlossen, zu laufen – einzig und allein unserem Land* *zuliebe. Nach dieser Cross-WM bat ich Verbandspräsident Isaiah Kiplagat um eine Unterredung. Fünf Jahre danach warte ich immer noch darauf. Übrigens: Chelang'a war nicht nur bei den nationalen Meisterschaften klar stärker als Kamathi, sondern auch im Trainingscamp. Leider spielt in Kenia die Herkunft eines Athleten oft eine größere Rolle als die Leistung."*

Dass die Kenianer in Vilamoura erstmals ohne Teamtaktik liefen, hatte aber nicht nur mit den nächtlichen Diskussionen zu tun, sondern auch mit einem neuen Phänomen. Die persönlichen Manager waren für viele Athleten plötzlich wichtiger geworden als der nationale Stolz. Je mehr Geld in den Sport kam, desto stärker wurde der Egoismus.

P.T.: *„Wenn du erfolgreich bist, hast du viele Neider. Mit einem Mal wenden sich auch Freunde gegen dich."*

Fünfmal ganz oben in Sao Paulo

Paul Tergat bei den "Nationals" im Jahr 2000

Nach dem Albtraum von Vilamoura blieb Tergat eine Woche in Portugal und nahm am Halbmarathon von Lissabon teil. Und dort rannte er sich mit einer neuen Weltbestzeit die Frustration aus dem Leib. Die Zeit von 59:06 min war 11 Sekunden schneller als sein eigener Rekord zwei Jahre zuvor. Die Beobachter waren sich allerdings nicht einig, ob die Leistung von Lissabon als Rekord anerkannt werden sollte oder nicht, und auch fünf Jahre danach führt der internationale Verband der Leichtathletik-Statistiker ATFS zwei Weltrekorde: 59:17 min (Mailand, 1998) und 59:06 min (Lissabon, 2000, mit dem Vermerk: Strecke 40 m abfallend). Die IAAF erkennt nur die 59:17 an.

In seiner Karriere als Halbmarathonläufer, die ihm 1999 und 2000 auch zwei Weltmeistertitel eintrug, hat Tergat einmal sogar die 59-Minuten-Grenze unterboten. Das war 1996 in Mailand mit 58:51 min. Aber diese Zeit wurde nie bestätigt, nachdem eine Nachmessung ergeben hatte, dass die Strecke um 49 m zu kurz war.

P.T.: *„Ich kam direkt von den Crossweltmeisterschaften in Südafrika und war in der Form meines Lebens. Ich feierte den Rekord – und dann, nach ein paar Wochen, erhielt ich die Mitteilung: April, April, die Strecke war zu kurz. Nie zuvor wurde die Streckenlänge beim Stramilano in Frage gestellt. Solche Vorkommnisse sind für mich sehr schwer zu akzeptieren und zu vergessen. Oftmals, wenn ich eine besondere Anstrengung vollbringe, eine spezielle Leistung an einem speziellen Ort, kommt irgendetwas dazwischen. Ich sage das, weil es im Jahre 2000 in Lissabon genau gleich war. Jahrelang wurden die Zeiten von Lissabon ohne Wenn und Aber anerkannt, aber als ich die 59:06 min lief, hieß es plötzlich, die Strecke sei abfallend. Trotzdem: Es erfüllt mich mit Stolz, dass in all den Jahren niemand auch nur annähernd an meine 59:17 min von 1998 herankam."*

Weil die 59:17 min von Mailand 1998 als offizieller Weltrekord gelten, widmen auch wir diesem Rennen einige Zeilen mehr: Die ganze Zeit an der Spitze des Feldes laufend, dominierte Paul Tergat den Stramilano-Halbmarathon 1998 in einer selten zuvor gesehenen Art. Er begann in einem Wahnsinnstempo, das er später selbst als etwas übertrieben bezeichnete, passierte den ersten Kilometer in 2:38 min, den zweiten in 2:39 min und den dritten in 2:42 min. „Ich denke, das war doch etwas zu schnell. Tatsächlich bezahlte ich gegen Ende dafür, sonst wäre eine Zeit von unter 59 Minuten möglich gewesen“, gab Tergat nach dem Rennen zu.

Seine langsamsten Kilometer waren der 13. und der letzte Kilometer mit je 2:53 min. Und nach alledem schaffte er es immer noch, die letzten 97 m in pfeilschnellen 14 Sekunden herunterzuspurten. Die 59:17 min waren volle 30 Sekunden schneller als der bisherige, fünf Jahre alte Rekord seines Landsmannes Moses Tanui. Tergat hatte nichts anderes als diese 59:47 min im Visier. „Ich war komplett darauf fokussiert. Ich dachte an nichts anderes.“ Und diesmal hatten sich die Organisatoren vergewissert, dass sich 1996 nicht wiederholen konnte. Der offizielle IAAF-Vermesser Jean François Delasalle maß die Strecke gleich mehrmals, um ganz sicher zu sein.

Ein Tag in Tergats Leben

Es war am Anfang des Jahres 1999, als Paul Tergat auf der IAAF-Website über einen ganz gewöhnlichen Tag in seinem Leben sprach. Hier ist, was er zu sagen hatte:

P.T.: *„Was denken Sie, wie das Leben für einen Kenianer ist, der dank seiner natürlichen Begabung, aber vor allem dank rigorosem täglichen Training den Gipfel in der Leichtathletikwelt erreicht hat? Glauben Sie mir, es ist nicht einfach. Natürliches Talent genügt nicht. Ich habe viele junge Läufer gesehen, die glauben, sie seien besser als andere, nur weil sie aus Eldoret, Iten oder Nakuru kommen. Die müssen schnell umdenken, wenn sie nicht untergehen wollen. Wer im Sport und im Leben ganz allgemein etwas erreichen will, muss jeden Tag hart arbeiten. Die Leichtathletik ist ganz besonders gnadenlos. An einem typischen Tag hat das Laufen eine zentrale Bedeutung, aber es ist nie das Einzige, was ich mache. Ich will Ihnen erklären, was ich meine. Es gibt in meinem Training zwei Phasen: eine mit drei Einheiten am Tag und eine andere, da trainere ich nur 2 x. Sie können sich vorstellen, dass diese Trainingseinheiten meinen Tagesablauf bestimmen.*

Wenn ich intensiv trainiere, geht mein Wecker sehr früh los – um 5.30 Uhr. Um 6 Uhr bin ich bereits aus dem Haus. Ich habe mich entschieden, in der Nähe von Nairobi zu wohnen, aber außerhalb der Stadt. Das Dorf heißt Ngong. Wenn Sie von Nairobi her zu meinem Haus fahren, kommen Sie an Karen vorbei, wo sich noch immer das Haus der mit „Out of Africa“ berühmt gewordenen dänischen Schriftstellerin, Baroness Karen Blixen, befindet und wo alles, die Schule, der Sportklub, das Krankenhaus, Erinnerungen wachrufen. Seit Dezember 1998 wohne ich in meinem neuen Haus. Von hier aus gehe ich jeden Morgen

laufen. Jeden Tag wechsle ich die Strecke. Ich brauche das. Und die Hügel von Ngong helfen mir in dieser Beziehung sehr. Ich habe ein Dutzend verschiedene Trainingsstrecken. Einige Kilometer von meinem Haus entfernt befindet sich eine Militärbasis, wo viele kenianische Athleten stationiert sind. Manchmal kommen ein paar, um mit mir zu laufen, aber oft bin ich allein. Das stört mich überhaupt nicht. Ich genieße es, von der Natur umgeben zu sein und meiner eigenen Natur zu folgen, Abwechslung zu haben und mich nicht zu wiederholen.

In meiner ersten Trainingseinheit laufe ich etwa 40 Minuten. Danach gehe ich nach Hause, nehme eine Dusche, esse mein Frühstück und ruhe mich ein bisschen aus. Und während ich meinen geliebten kenianischen Tee trinke, läutet bestimmt das Handy. Das ist unvermeidlich. Geschäftsleute rufen mich an, mein Coach, mein Manager, Verwandte oder Journalisten. Viel Zeit habe ich allerdings nicht, denn um 10 Uhr muss ich für meine zweite Trainingseinheit bereit sein. Das ist das längste Training des Tages – zwischen 60 und 70 Minuten – und das Härteste. Danach wieder das gleiche Ritual: Dusche, Tee, Relaxen. Dann ist es Zeit für das Mittagessen mit meiner Familie, meiner Frau Monica und den beiden Kindern Ronald und Harriet – und oft einem Verwandten, der auf Besuch ist. Nach

Die junge Familie Tergat im Jahr 1999

dem Essen verbringe ich etwas Zeit mit meinen Kindern, ich höre ihnen zu, ich spiele mit ihnen. Das ist ein wesentlicher Teil meines Lebens. Die Familie ist mir sehr, sehr wichtig. Alles, was ich tue, tue ich für meine Frau und meine Kinder. Zwischen 17 Uhr und 17.30 Uhr verlasse ich das Haus für das dritte und letzte Training des Tages, das meist etwa eine Stunde dauert. Wenn das vorüber ist, ist schon Zeit für ein traditionelles kenianisches Nachtessen, zum Beispiel Ugali, gekochtes Gemüse, Reis, Huhn und Lamm. Dann schaue ich vielleicht ein bisschen fern, plaudere mit Monica und den Kindern und gehe früh schlafen. Wenn ich nur zwei Trainingseinheiten habe, stehe ich nicht so früh auf, aber spätestens um 9 Uhr bin ich auf der Laufstrecke, denn später ist die Sonne zu stark und es wird heiß. Das zweite Training mache ich dann etwa um 17 Uhr.

Eine Sache hat mich in letzter Zeit sehr gestört. Und zwar meine ich diese Besserwisser, die sagen und schreiben, die kenianischen Athleten hätten ihre Seele verloren und würden nur noch dem Geld nachlaufen. Das ist Unsinn. Ich möchte jede intelligente Person fragen: Würden Sie nicht auch denken, dass es normal ist für einen Mann, wenn er sich um seine Zukunft kümmert? Nehmen wir mich als Beispiel. Die Leute möchten, dass ich überall laufe. Aber ich suche mir die Rennen sehr sorgfältig aus, ich schlage viele Angebote aus und fixiere meine Ziele, so, wie ich das immer getan habe. Und ich habe mich entschieden, das meiste Geld in Kenia zu investieren und damit meinem Land zu helfen. Ich bin an verschiedenen Geschäften beteiligt und fahre deshalb auch oft in mein Büro nach Nairobi. Waren Sie schon einmal in Kenia und haben die Tierwelt beobachtet? Sie sollten das unbedingt tun. Es ist eine bereichernde Erfahrung. Denken wir nur an die großartigen Löwen. Während der Nacht wird gejagt. Das Männchen brüllt, das Weibchen tötet und die Jungen schauen zu. Und dann ist es Zeit für die Fütterung. Der Löwe wird kein anderes Tier in die Nähe des Kadavers lassen, aber wenn sich die Jungen

nähern, wird er Platz machen und ihnen beim Fressen zuschauen. Ich, Paul Kibii Tergat, möchte immer meine Kinder essen sehen, im Wissen, dass ich alles für sie getan habe, was möglich war.“

Tergats Tipps für den Halbmarathon

Der Halbmarathon ist 21,1 km lang und eine ideale Zwischenstation auf dem Weg zum Marathon, der klassischen, legendenumwobenen Distanz. Aber für viele Läuferinnen und Läufer bietet er auch ein eigenständiges Ziel, so ganz nach dem Motto „halber Marathon – ganzes Vergnügen“. Sie können sich ohne übertriebenen Trainingsaufwand auf einen Halbmarathon vorbereiten.

Selbst wenn Sie bis jetzt nur 8 oder 10 km am Stück laufen können und nur 2-3 x in der Woche trainieren, sind Sie in etwa vier Monaten bereit für einen Halbmarathon. Bitte beachten Sie: Unsere Trainingsbeispiele sind als Richtschnur zu betrachten, das heißt, Sie sollten sie nicht stur übernehmen. Jeder hat Stärken und Schwächen, die beim Erstellen eines Vorbereitungsprogramms berücksichtigt werden müssen. Die Wochentage können selbstverständlich ausgetauscht werden, nur dürfen Sie nie zwei intensive Trainingseinheiten hintereinander absolvieren.

Das Programm ist in drei Etappen aufgeteilt: Die **Einstimmungsetappe** dauert 6-8 Wochen und dient vor allem der Gewöhnung an die erhöhte Trainingsbelastung (3-4 Trainingseinheiten pro Woche) und die größeren Kilometerumfänge. In der **Grundlagenetappe** (7-8 Wochen) geht es um eine weitere Steigerung des Umfanges und der Intensität. Die **Wettkampfetappe** umfasst die letzten vier Wochen bis zum Halbmarathon und dient in erster Linie dazu, das Niveau zu halten und sich mit dem Wettkampftempo vertraut zu machen.

3-4 Wochen vor dem Halbmarathon empfehlen wir Ihnen einen Wettkampf (oder einen schnellen Dauerlauf) über etwa 10 km. Sie können so auch das ganze Wettkampfprozedere durchspielen und sehen, wie Ihr Körper auf eine Wettkampfbelastung reagiert.

Welche Laufgeschwindigkeit?

Die exakteste Möglichkeit zur Ermittlung der richtigen Trainings- und Wettkampfgeschwindigkeiten stellen die Leistungstests (Laktat- oder Conconi-Test) dar. Doch auch mit einem einfachen Feldtest können Sie herausfinden, wie schnell Sie laufen sollen. Machen Sie einen 10-km-Testlauf. Versuchen Sie, die Distanz möglichst gleichmäßig und möglichst schnell zu laufen. Wenn Sie für die 10 km zum Beispiel 50 Minuten brauchen, entspricht der Kilometerschnitt von 5 Minuten 100 % Ihrer Belastungsintensität. Daraus lassen sich die individuellen Laufgeschwindigkeiten ableiten.

Lauftrainingsform	Tempo
Dauerlauf lang (langer Lauf)	5 min + 30-50 % = 6:30-7:30 min
Dauerlauf leicht	5 min + 25 % = 6:15 min
Dauerlauf mittel	5 min + 12 % = 5:36 min
Dauerlauf schnell	5 min + 6 % = 5:18 min
Fahrtspiel kurz	5 min – 3 % bis + 3 % = 4:51 bis 5:09 min
Fahrtspiel lang	5 min – 3 % bis + 12% = 4:51 bis 5:36 min
Dauerlauf Halbmarathontempo	5 min + 5-7 % = 5:15 bis 5:21 min

Beispiele von Trianingswochen

Einstimmungsetappe:

Mo:	–
Di:	Dauerlauf (DL) leicht/mittel 30-50 min, Kraftausdauer (Kraftgymnastik, Rope Skipping)
Mi:	Koordination (10 min einlaufen/auslaufen (EL/AL), Laufschule, Steigerungsläufe
Do:	–
Fr:	DL leicht/mittel, 30-50 min oder Crosstraining (Aquafit, Nordic Walking, Biken, Schwimmen usw.), Kraftausdauer
Sa:	–
So:	DL leicht, 50-80 min; in den ersten Wochen mit 50 min beginnen und kontinuierlich steigern

Grundlagenetappe:

Mo:	10 min EL/AL, Fahrtspiel 15-20 min
Di:	Allgemeine aerobe Ausdauer (DL leicht, 40-60 min) oder Crosstraining, Kraftausdauer
Mi	–
Do:	10 min EL/AL, DL schnell, 30-40 min, Koordination
Fr:	–
Sa:	Langer Lauf 60-100 min, Kraftausdauer
So:	Erholung oder Wechseltraining

Wettkampfetappe:

Mo: 10 min EL/AL, Fahrtspiel 20 min

Di: 30 min DL, leicht, Kraftausdauer, Koordination

Mi: –

Do: Variante 1: DL schnell, 20-30 min;
Variante 2: 10 min EL/AL, 4 x 5 min
HMWK-Tempo mit 3 min TP

Fr: –

Sa: Langer Lauf 80-120 min

So: Erholung oder Crosstraining

Wettkampfwoche:

Mo: –

Di: Fahrtspiel

Mi: 30-40 min DL, leicht

Do: –

Fr: 30 min DL, leicht, 5 Steigerungsläufe

Sa: **Halbmarathon**

Integrieren Sie auch Stretching (5-7 Übungen, rund 15 min total) mindestens 2 x pro Woche in Ihr Training.
DL = Dauerlauf, TP = Trabpausen, EL = Einlaufen, AL = Auslaufen, HMWK = Halbmarathon-Wettkampftempo

Wechseltraining:
Die Hälfte bis zwei Drittel der Zeit wird mit Laufen zurückgelegt, direkt anschließend wechselt man auf eine Crosstrainingssportart (Rad, Inlineskating, Schwimmen, Aquafit usw.), am Schluss nochmals mindestens 15 min Laufen.

Koordination:
Steigerungsläufe und Laufschule sollten 1-2 x pro Woche vor den schnellen Einheiten (schneller DL, Fahrtspiel) durchgeführt werden.

Erholung:
An mindestens einem trainingsfreien Tag in der Woche ist aktive Erholung angesagt. Dazu eignen sich besonders Sauna, Massage, Sprudelbad usw.

Was versteht man unter „Fahrtspiel"?

Diese Trainingsform kommt aus Skandinavien und ist ein Spiel mit den verschiedenen Laufgeschwindigkeiten. Dabei wird durch den Wechsel der Laufintensität die Ausdauer, die Schnelligkeit und bis zu einem gewissen Grad auch die Kraft verbessert. Beim schwedischen Fahrtspiel wird das Lauftempo spielerisch dem Gelände angepasst, beim polnischen Fahrtspiel sind Laufstrecken bzw. Belastungszeit vorgegeben, also z. B. 30 s/60 s/90 s/2 min/3 min/2 min/90 s/ 60 s/30 s mit gleich langen Trabpausen.

Sydney 2000: Nach 10.000 Metern trennten die beiden Rivalen ganze 9 Hundertstelsekunden. Das Gold ging an Gebrselassie

Die ewigen Duelle mit Haile

Während vieler Jahre hatte Paul Tergat immer das gleiche Programm: Cross, Straße (6 x Sieger im Stramilano-Halbmarathon) und dann die Bahn. Nicht wenige Leichtathletikkenner fragen sich, ob es für ihn nicht besser gewesen wäre, jeweils nach der Cross-WM nach Kenia zurückzukehren, sich etwas zu erholen und dann auf die Bahnsaison vorzubereiten, so wie das Haile Gebrselassie und andere Äthiopier taten.

Ob er dann auf der Bahn nicht noch mehr seine Zähne hätte zeigen können? Tergat mag die Frage nicht. Natürlich, er ist der einzige Athlet der Neuzeit, der in der Lage war, Weltmeistertitel im Crosslauf und im Halbmarathon zu gewinnen und gleichzeitig Weltrekorde auf der Straße und auf der Bahn zu brechen.

P.T.: *„Ich denke, für mich war es das Richtige. Ich liebte den Crosslauf, aber ich mochte die Straße und die Bahn ebenfalls. Ich brauchte die Abwechslung und wollte beweisen, dass ich überall schnell laufen kann. Es stimmt, Haile gewann vier Weltmeistertitel auf der Bahn und wurde 2 x Olympiasieger, er gewann vier Hallentitel und die Halbmarathon-WM 2001, aber ich bin sehr glücklich mit dem, was ich erreicht habe. Wir sollten nicht vergessen: 1997 gewann ich meinen dritten Titel im Crosslauf, drei Wochen später den Stramilano zum vierten Mal und fünf Monate danach war ich immer noch oder wieder in Topform und verbesserte in Brüssel den 10.000-m-Weltrekord. Die Erfolgserlebnisse im Crosslauf und auf der Straße gaben mir immer sehr viel Selbstvertrauen für die Bahn.“*

Wer hätte das für möglich gehalten: Nachdem Haile Gebrselassie an diesem 22. August 1997 beim Van Damme Memorial in Brüssel die 3.000 m gewonnen hatte, verlor er seine beiden Weltrekorde innerhalb kürzester Zeit: zuerst die 5.000 m an Daniel Komen (12:39,74 min) und dann die 10.000 m an Paul Tergat (26:27,85 min). William Kalya war es, der die 10.000-m-Läufer bei halber Distanz anführte. Als Salah Hissou, der im gleichen Stadion 12 Monate zuvor den Weltrekord auf 26:38,08 min gedrückt hatte, nach 7.000 m zurückfiel, war die Reihe an Paul Koech und Paul Tergat. Tergat lief die zweite Hälfte in schier unglaublichen 13:09,8 min – vor 20 Jahren wäre das noch 5.000-m-Weltrekord gewesen! Henry Rono, der große Kenianer, der 1978 in 68 Tagen vier Weltrekorde über 3.000 m, 5.000 m, 10.000 m und 3.000 m Hindernis an sich riss, war der erste Läufer, der die 12,5 Runden unter 13:10 min schaffte.

Paul Koech war über 8 Sekunden zurück in 26:36,26 min, aber immer noch unter Hissous Weltrekord aus dem Vorjahr. Koech spielte nicht nur in diesem Weltrekordunternehmen eine wichtige Rolle. Oftmals hatte der Hauptmann der kenianischen Armee den Schnellzug angeführt und damit seinem Freund geholfen, sein Potenzial auszuschöpfen.

Wenn er in Form war, konnte Koech ein enormes Tempo laufen, sein Handicap war, dass er nur über einen sehr durchschnittlichen Endspurt verfügte. So gewann dieser außergewöhnliche Athlet aus Nakuru, wo der See mit den berühmten Flamingos ist, nur einen einzigen internationalen Titel: die Halbmarathon-WM 1998 in der Schweiz und – bei sieben Teilnahmen – nur eine Silbermedaille bei der Crossweltmeisterschaft im gleichen Jahr in Marrakesch. Paul Koech laborierte später an einer hartnäckigen Knieverletzung, lief den Marathon aber trotzdem noch in 2:07:07 h (Zweiter in Chicago 2003).

Daniel Komen und Paul Tergat im Anzug der Nationalmannschaft

Brüssel:

1.000 m	2:40,6 min	
2.000 m	5:21,0 min	(2:40,4) min
3.000 m	8:00,6 min	(2:39,6) min
4.000 m	10:37,2 min	(2:36,6) min
5.000 m	13:18,0 min	(2:40,8) min
6.000 m	15:58,2 min	(2:40,2) min
7.000 m	18:37,8 min	(2:39,6) min
8.000 m	21:15,7 min	(2:37,9) min
9.000 m	23:52,1 min	(2:36,4) min
10.000 m	26:27,85 min	(2:35,7) min

(zweite Hälfte: 13:09,8 min, letzte 3.000 m: 7:50 min)

FILA
BELGACOM
15

Frederico Rosa, der als Athletenvertreter im Unternehmen seines Vaters arbeitet, mit Tergat und weiteren Läufern in St. Moritz

In den Tagen vor dem Van Damme Memorial schrieben die Zeitungen viel mehr über Salah Hissou als über Tergat. Kaum jemand schien seinen starken Auftritt bei den Weltmeisterschaften in Athen zur Kenntnis genommen zu haben (Zweiter hinter Gebrselassie, der die letzte Runde in 55,2 Sekunden lief) und vor allem sein brillantes 5.000-m-Rennen sieben Tage später bei „Weltklasse" in Zürich. Da belegte er in 12:49,87 min den dritten Platz, nur acht Sekunden von Gebrselassie entfernt, der einen neuen Weltrekord aufstellte – jenen, den er nun in Brüssel an Komen verlor.

Paul Tergat hatte sich für die Augustwettkämpfe im Schweizer Schickeria-Ferienort St. Moritz vorbereitet, wo sich die Rundbahn 1.860 m über Meereshöhe befindet und wo man sogar auf einer Höhe von 2.500 m trainieren kann. Im Laufe der Jahre wurde St. Moritz für einen Großteil der weltbesten Mittel- und Langstreckenläufer zum ultimativen Ort für die Vorbereitung der zweiten Saisonhälfte. Tergat war mit seinem Coach, Doktor Rosa, und einigen anderen Athleten des Fila-„Stalls" vier Wochen lang im Engadin. Zu den Wettkämpfen in Athen, Zürich und Brüssel reiste er direkt aus der Höhe an.

Das Training in den Schweizer Bergen war sehr intensiv, in Sachen Qualität und Quantität. Er legte pro Woche etwa

210 km zurück. Jeden Tag gab es eine anspruchsvolle Einheit – Rosa spricht von einem „technischen Training“. Drei dieser technischen Trainingseinheiten fanden auf der Bahn statt, drei auf dem Rasen. Auf der Bahn handelte es sich um Intervalle, auf dem Rasen vor allem um Diagonalläufe (zum Beispiel 15 x 180-200 m auf der Polowiese). Drei Beispiele des Bahntrainings, das Tergat in St. Moritz absolvierte:

- 25 x 400 m in 56 s mit 1:15 min Erholung
- 10 x 1.000 m, der erste Lauf in 2:33 min, der letzte Lauf in 2:30 min, mit 1:30 min Erholung
- 1 x 3.000 m in 8:10 min mit 2 min Erholung, gefolgt von 2 x 2.000 m in 5:15 min mit 2 min Erholung

Coach Gabriele Rosa: „Was besonders bemerkenswert ist: Diese harten Einheiten sind eigentlich für das Tiefland gedacht, aber Paul absolvierte sie auf beinahe 1.900 m über Meereshöhe.“ Rosa legt großen Wert auf die Feststellung, dass nur ein Afrikaner, der die Höhenlage gewöhnt ist und sich in einer hervorragenden Form befindet, ein solches Training machen kann. Er betont, dass er mit Moses Tanui, seinem ersten kenianischen Weltklasseathleten, lange nicht so mutig war, wenn es um das Trainingsprogramm ging. „Ich hatte Angst, ihn für das 10.000-m-Training richtig zu puschen. Als ich mit kenianischen Athleten anfing, kam ich mit der Mentalität und dem Wissen eines Coachs, der immer nur mit Europäern zu tun hatte. Erst nach einiger Zeit fand ich heraus, dass Kenianer fähig sind, ein viel härteres Trainingsregime zu verkraften. Sonst wäre Moses Tanui bedeutend schneller gelaufen als die 27:18 min von 1993 in Brüssel. Mit Tergats Programm hätte er leicht unter 27 Minuten kommen können. Er war eindeutig mehr talentiert als Yobes Ondieki, der 1993 in Oslo als erster Mensch die 27-Minuten-Grenze unterbot“, ist Rosa überzeugt.

P.T.: *„Der Weltrekord in Brüssel war bis dahin der absolute Höhepunkt meiner Karriere. Weltmeisterschaften und Olympische Spiele – das sind nur Titel. Ich habe immer davon geträumt, eines Tages auf einer Distanz so schnell zu laufen, wie es noch nie einem Menschen vor mir gelungen war. Ein Weltrekord ist das Größte, was ein Athlet erreichen kann."*

Später wollte Tergat noch 2 x den Weltrekord angreifen: in Stockholm und Brüssel 1999. Aber jetzt fand er die richtigen Tempomacher nicht mehr. Paul Koech war mit einer Verletzung aus dem Verkehr gezogen. Andere hatten sich gegen ihn und seinen Coach Gabriele Rosa gewendet, der inzwischen eine große Gruppe mit starken Läufern hatte, vor allem im Marathon. Und das gefiel nicht allen. Einige Manager zogen es vor, ihre Athleten lieber als „Hasen" für Äthiopier einzusetzen als für Tergat. Eine Entwicklung, die Tergat nicht versteht, „weil nicht nur der Athlet, der den Rekord bricht, vom Veranstalter einen Bonus bekommt, sondern auch die Tempomacher". Und er fügt mit einer gewissen Ernüchterung an: „Heute laufen die Leute für adidas, Nike, Fila oder Puma und nicht mehr für ihr Land."

Gabriele Rosa, Tergat und Paul Koech bei den Olympischen Spielen 1996 in Atlanta. Hier wurden die Pläne ausgeheckt

Gebrselassie vs. Tergat über 10.000m

1995 WM Göteborg:	1. Gebrselassie 27:12,95 min 3. Tergat 27:14,70 min
1996 OS Atlanta:	1. Gebrselassie 27:07,34 min 2. Tergat 27:08,17 min
1997 WM Athen:	1. Gebrselassie 27:24,58 min 2. Tergat 27:25,62 min
1999 WM Sevilla:	1. Gebrselassie 27:57,27 min 2. Tergat 27:58,56 min
2000 OS Sydney:	1. Gebrselassie 27:18,20 min 2. Tergat 27:18,29 min

Im Crosslauf gelang es Gebrselassie nur ein einziges Mal, eine Medaille zu gewinnen: die bronzene 1994 in Brüssel. 1995 war er Vierter und 1996 Fünfter. Aber auf der Bahn war der stets fröhliche Äthiopier während eines ganzen Jahrzehnts die dominierende Figur. Für viele ist „Haile“ deshalb der beste Langstreckenläufer aller Zeiten.

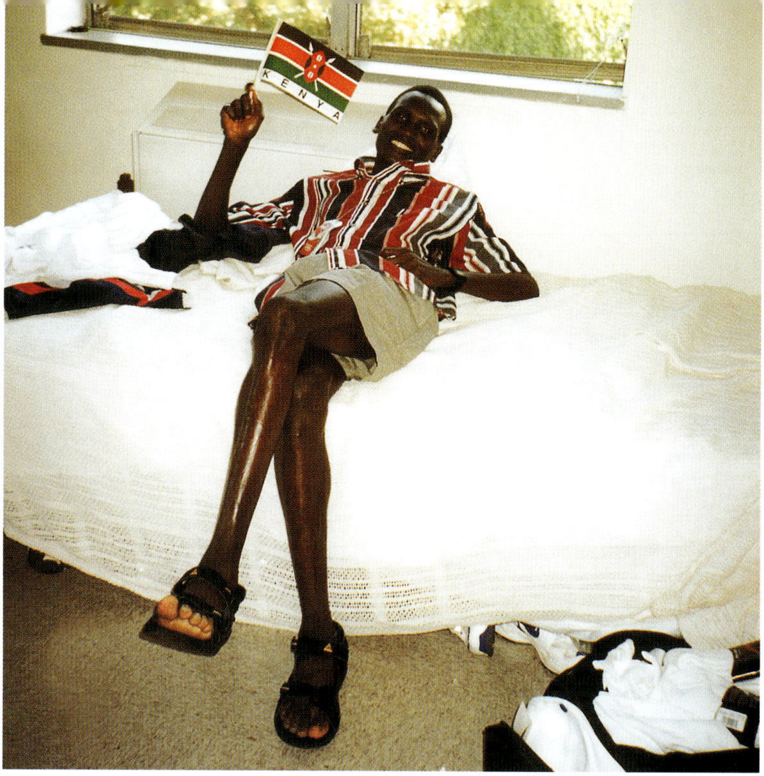

Bilder aus dem Jahr 1996: im olympischen Dorf mit der kenianischen Flagge und mit den Eltern in Kenia

Als Paul Tergat sein letzes Bahnrennen lief, bevor er zum Marathon wechselte, im Olympiafinale 2000 in Sydney, schien es, dass er endlich die wohlverdiente Goldmedaille gewinnen könnte, nachdem er 3 x hintereinander Zweiter geworden war. Aber wieder schnappte ihm der Äthiopier den Sieg vor der Nase weg. Es war der knappste Ausgang in der olympischen Geschichte: Nur 0,09 Sekunden, das heißt neun Hundertstel, trennten die beiden – nach 10.000 m nicht einmal ein halber Meter! An jenem Montag, dem 25. September, war Tergat in einer hervorragenden Form, wahrscheinlich in der besten Form überhaupt. Aber dann, 300 m vor dem Ziel, wurde er von Gebrselassies Teamkollegen Assefu Mezegebu eingeklemmt. Tergat musste abbremsen und außen herumlaufen, bevor er seinen Angriff lancieren konnte. Auf den allerletzten Metern konnte er Gebrselassie nicht mehr widerstehen. Vielleicht hätte er besser bis zur letzten Kurve mit seinem Antritt warten sollen – aber nachher ist man immer klüger.

Wieder war er „nur“ Zweiter, das gleiche Ergebnis wie vier Jahre zuvor in Atlanta, als die Kenianer mit einem horrenden Tempo versucht hatten, die Äthiopier in die Knie zu zwingen. Nach einer verhältnismäßig langsamen ersten Hälfte in 13:55,2 min war es Paul Koech, der die Initiative ergriff und den sechsten Kilometer in rasanten 2:40,44 min anführte. Joseph Machuka übernahm den siebten in 2:42,88 min und wiederum Koech den achten in 2:43,62 min. Da waren nur noch sechs Afrikaner beisammen. Jetzt preschte Tergat los mit einem 200-m-Abschnitt in 29 Sekunden und nur Gebrselassie konnte ihm folgen. Das Duell war lanciert. Der neunte Kilometer wurde in 2:33,90 min zurückgelegt und der zehnte in 2:31,46 min, bis auf die letzte Runde immer mit Tergat in Führung. Die beiden liefen die zweite Hälfte in etwa 13:11,6 min und die letzten 2.000 m in 5:05 min. Einmal mehr bewies Gebrselassie seine spezielle Fähigkeit, mit einer unglaublichen Willensleistung dranzubleiben und sich wie eine Zitrone bis auf den letzten Tropfen auszupressen – und

dann mit seiner überragenden Endschnelligkeit zu gewinnen. Für einen groß gewachsenen Läufer wie Tergat (1,82 m) ist es von Natur aus schwieriger zu sprinten als für einen kleineren Läufer (Gebrselassie misst 1,64 m), auch wenn Tergat im Laufe der Jahre sehr viel und mit Erfolg an seiner Endschnelligkeit gearbeitet hat.

P.T.: *„Ich denke, es war Pech, speziell in Sydney. Wenn der Unterschied eine Sekunde beträgt, musst du akzeptieren, dass der andere besser war. Aber ein paar Hundertstel – das ist nichts. Natürlich gibt es einige Leute, auch aus meinem Umfeld, die spekulieren, die Äthiopier würden irgendeine Droge benutzen. Aber ich halte das für ausgeschlossen. Ich akzepiere, dass Haile bei Olympischen Spielen mehr Glück hatte als ich. Ich bin deswegen nicht bitter. Ich bin nicht der Einzige, dem die olympische Krone fehlt. Wilson Kipketer hat die 800 m ein Jahrzehnt lang dominiert, aber er gewann nie eine olympische Goldmedaille. Und so erging es auch Moses Kiptanui, dem König über die Hindernisse. Das ist Sport. Ich respektiere Haile sehr für das, was er erreicht hat. Er ist ein großer Champion – und auch ein guter Freund. Ich war schon bei ihm zu Hause in Addis und er war im November 2004 mit mir in Nairobi. Ich empfinde sehr viel Sympathie für ihn. Ich weiß auch, dass er immer sehr, sehr hart trainiert hat, vielleicht sogar härter als ich. Haile war der-*

jenige, der mich immer herausgefordert hat, mehr zu tun, in all den Jahren, seit ich ein internationaler Läufer bin. Er hat mir geholfen, motiviert zu bleiben. Ich glaube, dass ich ohne ihn nie das Gleiche erreicht hätte. Aber ich bin auch überzeugt, dass er genauso von unserer Rivalität profitiert hat."

Es gab noch ein anderes Ereignis, wo Tergat knapp hinter Gebrselassie Zweiter wurde. Er verpasste einen großen Scheck und Prominenz außerhalb der Leichtathletik für die Hauptrolle im Hollywoodstreifen „Endurance", weil er in Atlanta nicht Olympiasieger geworden war. Und zwar kam das so: Als die Filmgesellschaft sich entschied, einen Film über einen armen afrikanischen Knaben zu drehen, der allen Widerwärtigkeiten zum Trotz die Sportwelt eroberte, sahen sich die Produzenten in einem Dilemma, wen sie als Hauptdarsteller auswählen sollten. Tergat hatte gerade seine zweite Crossweltmeisterschaft gewonnen, Gebrselassie war der Weltmeister über 10.000 m und der neue Langstreckenstar seit den Juniorenweltmeisterschaften 1992, wo er Josphat Machuka mit den Spikes verletzt hatte und dafür vom Kenianer einen Fausthieb erhielt. Die Mehrheit war für Tergat. Sie fanden, er würde auch von der Statur her hervorragend zum Skript passen und zudem würde die wunderschöne Landschaft mit der berühmten Tierwelt eine perfekte Kulisse abgeben.

Schließlich einigte man sich darauf, den Filmhelden in Atlanta zu bestimmen. Wer das Rennen gewinnt, sollte die Rolle bekommen. Der Rest ist Geschichte.

Tergat mit seiner Frau Monica und den beiden Töchtern Harriet (links) und Gloria nach der Ankunft aus Sydney

Tergat als stolzer und glücklicher Finisher seines ersten Marathons, London 2001

KAPITEL 6

Neue Herausforderung: Marathon

Das 10.000-m-Finale bei den Olympischen Spielen in Sydney war Tergats letztes Bahnrennen. Er hatte Angebote von mehreren Organisatoren für sein Marathondebüt, aber er entschied sich für London, weil er eine schnelle, flache Strecke wollte und ein begeisterungsfähiges Publikum, und weil er überzeugt war, dass er all dies in der britischen Hauptstadt bekommen würde. Dave Bedford, der Londoner Renndirektor, war 18 Monate lang hinter Tergats Unterschrift her. Tergats Ein-Jahres-Deal mit dem Flora London Marathon war 300.000 US-$ wert, der lukrativste Vertrag in der Geschichte des Straßenlaufs.

P.T.: *„Ich bin einer, der gerne in Neuland vorstößt. Ich ließ nichts zurück, was ich noch hätte erreichen können, weder auf der Bahn noch im Cross. Ich wollte nie einfach nur teilnehmen. Ich wollte immer etwas Besonderes. Nach Sydney hatte ich keine Motivation mehr für die Bahn. Es war höchste Zeit für mich, zum Marathon zu wechseln. Als ich mich entschied, Marathon zu laufen, sagten mir verschiedene Leute, ich sei zu groß, ich würde es nie schaffen. Ich hörte ihnen zu, aber ich nahm diese Einwände nicht sonderlich ernst. Ich glaube nie, etwas sei unmöglich. Nur wenn ich es versuche, weiß ich, ob es möglich ist oder nicht."*

Tergat war voller Motivation und Begeisterung, als er im Dezember 2000 mit der Marathonvorbereitung begann. Er musste sein Training langsam umstellen. Er konnte nicht alles von einem Tag auf den anderen auf den Kopf stellen. Bis dahin war er nie weiter als etwa 22 km gelaufen. Jetzt erhöhte er den wöchentlichen „langen Lauf" kontinuierlich zuerst auf 25, dann auf 30 und schließlich auf 38 km, in anderen Worten: bis zu 2 Stunden 10, 2 Stunden 20. Und das Schnelligkeitstraining: Als 10.000-m-Läufer machte er Intervalle und Fahrtspiele von einer halben Stunde, jetzt dauerten diese Einheiten bis zu einer Stunde.

Bis Ende Februar trainierte Tergat von zu Hause aus. Dann ging er nach Eldoret, wo sich Leute wie Moses Tanui, Elijah Lagat, Joshua Chelang'a, Simon Biwott und Japhet Kosgei in und um Kaptagat herum auf die Frühlingsmarathonläufe vorbereiteten, mit zwei Trainingseinheiten am Tag, oft 25 km am Morgen und nochmals 15 km am Nachmittag, am Sonntag die langen Läufe zwischen 30 und 38 km. In den zwei intensivsten Monaten kam Tergat auf ein Wochentotal von 260-280 km. Im letzten Monat vor dem Marathon gab es viele kürzere, schnellere Trainingsläufe zwischen 12 und 15 km, Fahrtspiele und Bahntrainings, um die Schnelligkeit zurückzugewinnen. Tergat sagt, es sei mit Abstand das härteste Training gewesen, das er bis dahin gemacht hatte. Es war das einzige Mal, dass er die Vorbereitung in Kaptagat machte. Später hatte er seine Trainingsbasis immer zu Hause in Ngong. Warum dies? „Mein Körper ist nicht an eine Höhe von 2.300 m über dem Meer gewöhnt, die Gegend um Ngong ist nur 1.700 oder 1.800 m hoch. Das Training in Kaptagat hat mich sehr mitgenommen. Jeden Abend war ich hundemüde."

Auf dem Begräbnis von Tergats Vater Kipkuna Tuiotek im Dezember 2000: im Vordergrund die drei Witwen (rechts Tergats Mutter), dahinter mit Tergat: die beiden Weißen Jürg Wirz und Federico Rosa

Der „Tag der Tage“ kam am 22. April. Es war das am meisten und mit größter Spannung erwartete Debüt in der Marathongeschichte. „Egal, ob ich gewinne oder verliere, ich habe das Unbekannte gewagt“, sagte Tergat. In der Tat. Es ist dieser Pragmatismus, der ihn bei Millionen von Fans beliebt gemacht hat. Es unterstreicht seine Einstellung zum Leben auf und neben den Leichtathletikarenen. Das Rennen verlief lange Zeit, wie es die Experten erwartet hatten. Nach der 35-km-Marke versuchte der Marokkaner Abdelkader El Mouaziz zum wiederholten Mal, das Weite zu suchen, und nun war Tergat der Einzige, der ihm widerstehen konnte. Aber nicht für lange. Als der Marathon in seine entscheidende Phase trat, verlor er den Kontakt. Später gab Tergat zu, er habe erwartet, Antonio Pinto würde nochmals aufschließen und sie hätten El Mouaziz zusammen jagen können. Aber der Portugiese war nicht in der Lage, seine Leistung vom Vorjahr zu wiederholen, und so erreichte Tergat das Ziel schließlich eine Minute hinter dem Marokkaner als Zweiter.

P.T.: *„Ich habe in meinem ersten Marathon mehr Probleme erwartet, auch mehr Verwirrung. Ich hatte richtig Angst, ich müsste auf den letzten Kilometern vielleicht anhalten. In einer Zeit von 2:08 h Zweiter hinter El Mouaziz zu werden, war für mich durchaus in Ordnung, denn tief in meinem Inneren wollte ich einfach durchkommen. Nach dem Rennen hatte ich schreckliche Schmerzen in meinen Beinen, etwas, das ich noch nie erlebt hatte. Jemand musste mir sogar meine Schuhe ausziehen. Ich konnte kaum mehr gehen. Ich dachte, ich sei der Einzige mit solchen Problemen. Später realisierte ich, dass sogar der letzte Finisher schmerzende Beine hat.“*

Paul Tergat hatte einen guten Start in seine neue Karriere, aber es war nicht der Knaller, den manche Beobachter erwartet hatten. Er entschied sich, langsam in die neue Herausforderung hineinzuwachsen, die neue Distanz und die taktischen Spiele. Zweieinhalb Jahre und vier weitere Marathonläufe vergingen, bis er bereit war, in Berlin den Weltrekord anzugreifen. In seinem zweiten Marathon, im Oktober in Chicago, musste Tergat eine neue Lektion lernen: Traue nie einem Tempomacher! Hoffnung und Selbstvertrauen waren vor dem Start sehr groß, am Schluss blieben Frust und Enttäuschung. Niemand hatte ihm gesagt, dass in einem Marathon auch ein Tempomacher das Rennen zu Ende laufen darf. Er fühlte sich ausgetrickst und betrogen. Er achtete auf alle anderen Konkurrenten, und so kam es, dass sein Landsmann Ben Kimondiu, der Mann mit dem Wort „Pace“ (Tempo) auf dem Rücken, das Rennen gewinnen konnte. Nach diesem Exploit verschwand Kimondiu von

Chicago Marathon 2001

der Bildfläche, was Tergat nicht verwundert: „Es ist verhältnismäßig leicht, als Tempomacher schnell zu sein. Wenn du dein eigenes Rennen laufen musst, ist das eine komplett andere Geschichte. Dann musst du plötzlich mit sehr viel Druck umgehen.“

Im Frühling 2002 kam Tergat wieder nach London. Jetzt fühlte er sich bereits wie ein richtiger Marathonläufer. Aber wieder kostete ihn der Mangel an Erfahrung seinen ersten Marathonsieg. Es war an der letzten Trinkstation bei Kilometer 40, wo er das Tempo etwas verlangsamte und sein Wasser nahm. Khalid Khannouchi nützte diesen Moment für einen smarten Angriff und kreuzte die Ziellinie in einer neuen Weltbestzeit von 2:05:38 h. Tergat war perplex. 2:05:48 h zu laufen und trotzdem das Rennen nicht zu gewinnen, war unglaublich für ihn. Was konnte er dazu sagen? War er nicht fähig zu gewinnen? Andererseits gab ihm die schnelle Zeit sehr viel Selbstvertrauen und die Gewissheit, dass er schon bald selbst in der Lage sein würde, den Weltrekord zu attackieren. Es war das Rennen, als Haile Gebrselassie Dritter wurde (2:06:35 h), sich aber trotzdem entschied, bis zu den Olympischen Spielen 2004 als Bahnläufer weiterzumachen.

Im Oktober 2002 trat Tergat zum zweiten Mal in Chicago an. Obwohl er mit 2:06:18 h wieder eine sehr schnelle Zeit erreichte, wurde er nur Vierter. Khannouchi war der klare Sieger, aber der zweitplatzierte Kenianer Daniel Njenga war nur zwei Sekunden vor Tergat.

P.T.: *„Zuerst wollte ich in Chicago gar nicht laufen. Ich war drauf und dran, meine Meldung zurückzuziehen, denn* *mein Bruder Francis war damals schwer krank, er hatte Leberkrebs. Vor dem Rennen ging ich zu ihm ins Krankenhaus und die Ärzte sagten mir, sie könnten nichts mehr für ihn tun. Er war mehreren Chemotherapien unterzogen worden, von denen sich die Ärzte erhofften, den Tumor zu stoppen und so eine Operation möglich zu machen. Dies gelang leider nicht und der Krebs befiel schließlich auch die Knochen. Ich wusste, nach dem Rennen würde ich ihn mit nach Kenia nehmen. Ich musste diese Entscheidung ganz alleine treffen. Aber ich konnte ihn nicht in den USA sterben lassen, während seine Familie zu Hause war. Als ich in Chicago war, ließ ich seine Frau und die beiden Kinder kommen. Auf dem Weg nach Nairobi mussten wir erste Klasse fliegen, weil Francis nicht mehr in der Lage war, zu sitzen. Zwei Wochen später war er tot. Als ich nach Chicago kam, war ich tief betrübt. Francis war der Bruder, der mir am nächsten stand, mein jüngerer Bruder. Ich lief den Marathon, aber meine Gedanken waren woanders. Ich konnte mich überhaupt nicht auf das Rennen konzentrieren, aber ich sprach weder mit den Organisatoren noch mit den Medienvertretern über meine Probleme. Ich ziehe es vor, mein Privatleben für mich zu behalten.*

Sogar der todkranke Francis wollte nicht, dass ich darüber rede. Er war ein sehr starker, ein großartiger Junge. Den Weltrekord in Berlin lief ich ihm zu Ehren.“

In London 2003 hatte Tergat einen Haufen Schwierigkeiten, Magenprobleme und Erbrechen schon nach wenigen Kilometern. Trotzdem schaffte er es, das Rennen in 2:07:58 h zu beenden. Es war die knappste Entscheidung in der Geschichte des Flora London Marathons mit sechs Läufern innerhalb von sieben Sekunden: der Olympiasieger von Sydney, Gezahegne Abera aus Äthiopien, vor Stefano Baldini, dem Italiener, der vier Jahre später in Athen Olympiagold gewinnen sollte, Joseph Ngolepus (KEN), Tergat, Samson Ramadhani (TAN) und Vorjahressieger El Mouaziz.

Jetzt wusste Paul Tergat, dass er ein richtiger Marathonläufer geworden war und bereit für die Reifeprüfung. Es war nur eine Frage des richtigen Zeitpunkts, der richtige Strecke, des richtigen Wetters und der richtigen Form.

Im Juni war die Familie komplett: Paul und Monica Tergat, Ronald, Harriet und die kleine Gloria

Tergats Training für London 2002

1. Woche	Morgen	Nachmittag
14. Januar (Mo):	1:10 h	1 h
15. Januar (Di):	35 km	1 h
16. Januar (Mi):	1:15 h	1 h
17. Januar (Do):	1:15 h	Erholung
18. Januar (Fr):	1:10 h	1 h
19. Januar (Sa):	30 min + 20 x 1 min schnell, 1 min langsam	1 h
20. Januar (So):	1:10 h	30 min + 15 Diagonale (180-200 m)

2. Woche	Morgen	Nachmittag
21. Januar (Mo):	1:10 h	1 h
22. Januar (Di):	30 km	Erholung
23. Januar (Mi):	1:10 h	1 h
24. Januar (Do):	30 min + 8 x 1.000 m (2:47 min), 1:30 min Erh. + 5 x 400 m (60 s), 1:50 min Erh.	1 h
25. Januar (Fr):	1:10 h	1 h
26. Januar (Sa):	1:15 h	30 min + 15 Diagonale (180-200 m)
27. Januar (So):	30 km	Erholung

3. Woche	Morgen	Nachmittag
28. Januar (Mo):	1:15 h	1 h
29. Januar (Di):	30 min + 25 x 1 min schnell, 1 min langsam	1 h
30. Januar (Mi):	1:20 h	1 h
31. Januar (Do):	1:10 h	1 h
1. Februar (Fr):	30 km	Erholung
2. Februar (Sa):	1:10 h	1 h
3. Februar (So):	1:15 h	1 h

4. Woche	Morgen	Nachmittag
4. Februar (Mo):	30 min + 10 x 1.000 m (2:45 min), 1:30 min Erh.	1 h
5. Februar (Di):	1:10 h	1 h
6. Februar (Mi):	1:15 h	1 h
7. Februar (Do):	35 km	Erholung
8. Februar (Fr):	1:10 h	1 h
9. Februar (Sa):	1:10 h	1 h
10. Februar (So):	30 min + 20 x 1 min schnell, 1 min langsam	1 h

5. Woche	Morgen	Nachmittag
11. Februar (Mo):	1:10 h	1 h
12. Februar (Di):	1:15 h	1 h
13. Februar (Mi):	30 km	Erholung
14. Februar (Do):	1:10 h	1 h
15. Februar (Fr):	1:15 h	1 h
16. Februar (Sa):	30 min + 4 x 2.000 m (5:42-5:45 min), 2 min Erh. + 2 x 1.000 m (2:45 min), 1:30 min Erh.	1 h
17. Februar (So):	1:10 h	1 h

6. Woche	Morgen	Nachmittag
18. Februar (Mo):	1:10 h	1 h
19. Februar (Di):	Reise	
20. Februar (Mi):	1:10 h	1 h
21. Februar (Do):	1 h	50 min
22. Februar (Fr):	50 min	40 min
23. Februar (Sa):	30 min	Erholung
24. Februar (So):	10 km Puerto Rico	

7. Woche	Morgen	Nachmittag
25. Februar (Mo):	Reise	
26. Februar (Di):	1:10 h	1 h
27. Februar (Mi):	1:15 h	1 h
28. Februar (Do):	35 km	Erholung
1. März (Fr):	1:10 h	1 h
2. März (Sa)	30 min + 25 x 1 min schnell, 1 min langsam	1 h
3. März (So):	1:10 h	1 h

8. Woche	Morgen	Nachmittag
4. März (Mo):	30 min + 3 x 3.000 m (8:40-8:45 min) + 2 x 1.000 m (2:45 min) 1:30 min Erh.	1 h
5. März (Di):	1:10 h	1 h
6. März (Mi):	1:10 h	1 h
7. März (Do):	30 km	Erholung
8. März (Fr):	1:10 h	1 h
9. März (Sa):	40 min + 20 x 1 min schnell, 1 min langsam	1 h
10. März (So):	1:10 h	1 h

9. Woche	Morgen	Nachmittag
11. März (Mo):	30 min + 12 x 1.000 m (2:45 min), 1:30 min Erh.	1 h
12. März (Di):	1:10 h	1 h
13. März (Mi):	38 km	Erholung
14. März (Do):	1:10 h	1 h
15. März (Fr):	40 min + 20 x 1 min schnell, 1 min langsam	1 h
16. März (Sa):	1:10 h	1 h
17. März (So):	1:10 h	1 h

10. Woche	Morgen	Nachmittag
18. März (Mo):	30 min + 10 x 1.000 m (2:45 min), 1:30 min Erh.	1 h
19. März (Di):	1:10 h	1 h
20. März (Mi):	1:10 h	1 h
21. März (Do):	Reise	
22. März (Fr):	1 h	50 min
23. März (Sa):	30 min	Erholung
24. März (So):	**Halbmarathon Lissabon**	

11. Woche	Morgen	Nachmittag
25. März (Mo):	Reise	
26. März (Di):	1:10 h	1 h
27. März (Mi):	35 km	Erholung
28. März (Do):	1:10 h	1 h
29. März (Fr):	40 min + 25 x 1 min schnell, 1 min langsam	1 h
30. März (Sa):	1:10 h	1 h
31. März (So):	1:10 h	1 h

12. Woche	Morgen	Nachmittag
1. April (Mo):	30 min + 5 x 2.000 m (5:42-5:45 min), 2 min Erh. + 2 x 1.000 m (2:45 min) 1:30 min Erh.	1 h
2. April (Di):	1:10 h	1 h
3. April (Mi):	25 km	Erholung
4. April (Do):	1:10 h	1 h
5. April (Fr):	40 min + 20 x 1 min schnell, 1 min langsam	1 h
6. April (Sa):	1:10 h	1 h
7. April (So):	30 min + 2 x 5.000 m (14:10-14:15 min), 2 min Erh. + 2 x 1.000 m (2:45 min) 1:30 min Erh.	1 h

13. Woche	Morgen	Nachmittag
8. April (Mo):	1:10 h	30 min + 15 Diagonale (180-200 m)
9. April (Di):	Reise	
10. April (Mi):	30 min + 15 Diagonale (180-200 m)	40 min
11. April (Do):	50 min	40 min
12. April (Fr):	50 min	40 min
13. April (Sa):	Erholung	Erholung
14. April (So):	**2. London-Marathon 2:05:48 h**	

Bemerkungen: Das Training am Morgen (etwa 1:10 h) ist immer zwischen mittel und schnell, das Nachmittagstraining (gewöhnlich eine Stunde) zwischen langsam und mittel. Die langen Läufe (30-38 km) sind keineswegs langsam. Die Gegend um Ngong herum, wo Tergat wohnt und sein Marathontraining absolviert, ist ziemlich hügelig. Die Intervalle (400 m, 1.000 m, 2.000 m und 3.000 m) werden auf der Bahn gelaufen.

Als er sich auf den Weltrekord in Berlin vorbereitete, benutzte er das gleiche Programm, aber er verlängerte seinen längsten Lauf auf 45 km (2:29 h in hügeligem Gelände).

In der Vorbereitung auf die Olympischen Spiele in Athen machte er mindestens einen Morgenlauf von 1:10 h pro Woche bergauf und er erhöhte den Kilometerumfang erneut leicht. Er kam jetzt bis auf etwa 300 km pro Woche.

Tergats Tipps für den Marathon

Irgendwann erreicht jeder ambitionierte Läufer, jede Läuferin, den Punkt, wo der Marathon zu einem echten Thema wird. Marathon ist die Krönung eines Läuferlebens. Marathon ist eine andere Dimension. Es ist eine Leidenschaft. Es ist eine der größten Herausforderungen, die unsere Welt zu bieten hat. Marathon verkörpert das Unplanbare, das Unkontrollier- und Unfassbare des Lebens. Auf den 42,195 Kilometern durchlebt ein jeder Höhen und Tiefen, Hoffnungen und Zweifel, Freude und Schmerz.

Wenn Sie an einen Marathon gehen, müssen Sie hundertprozentig bereit sein. Alles muss stimmen. Die körperliche und mentale Verfassung, das Essen, das Sie in den Tagen und Stunden vor dem Start zu sich genommen haben, die Getränke, das Tempo, das Sie anschlagen. Es kommt nicht darauf an, ob Sie marschieren werden, joggen oder so schnell laufen, wie Sie können: Der Zeitpunkt wird kommen, wo sich der Körper verändert und der Marathon Sie auffressen wird. Das ist der entscheidende Moment: Wenn der ganze Körper schreit und aufhören will und nur der Wille Sie am Laufen hält. Vielleicht haben Sie ein Problem mit dem Schuh und spüren ein Zwicken im Fuß, vielleicht ist es ein Ziehen im Knie – seien Sie gewiss: Auch die besten Läufer machen das durch.

Aber es ist nicht der Schmerz, der Sie am meisten behindert. Es ist das Selbstmitleid. Der Geist ist erschöpft und schwach. Das ist Marathon! Jetzt müssen Sie stark sein – und Sie werden es, denn auf diesen Moment haben Sie sich monate- und jahrelang vorbereitet. Eines ist gewiss: Je besser Ihre Ausdauer ist, desto besser werden Sie mit den Schwierigkeiten auf den letzten Kilometern zurechtkommen.

Die Bereitschaft in einem Marathon hängt zu einem großen Teil von der mentalen Vorbereitung ab. Ich glaube, dass in jedem Sport die mentale oder psychische Kraft mindestens 50 % einer Leistung ausmacht. In meinem Fall würde ich sogar sagen, nur ein Viertel betrifft den körperlichen Aspekt, drei Viertel den mentalen. In einem Marathon kämpfen wir mit so vielen Dingen: mit den Gegnern oder den persönlichen Schwächen, dem Wetter und der Distanz. Die 42,195 Kilometer sind eine Herausforderung für jeden, auch wenn Sie der Weltrekordhalter sind. Am Ende eines Marathons habe auch ich übersäuerte Muskeln und kann kaum mehr richtig gehen.

Wenn Sie am Start eines Marathons stehen, müssen Sie an sich glauben. Sie müssen an Ihr Training glauben. Sie müssen an Ihre Fähigkeiten glauben. Der Glaube macht den Unterschied zwischen zwei Athleten, die nach dem gleichen Programm trainiert haben. Ich denke, der mentale Bereich ist auch eine Frage der Persönlichkeit. Einige von uns können mehr Leiden ertragen als andere.

Sie haben bestimmt auch schon irgendwo eine dieser bemitleidenswerten Figuren gesehen, die sich unter Aufbietung der letzten Reserven über eine Laufstrecke schleppen. Das wollen wir Ihnen ersparen. Sie sollen gut vorbereitet zur Premiere starten, damit Ihr erster Marathon zu einem unvergesslichen Erlebnis wird. Wenn Sie sich an unsere Tipps und Programme halten, werden Sie bereit sein, wenn der große Tag kommt!

Wie beim Halbmarathontraining ist auch das Training für den Marathon in drei Etappen aufgeteilt: **Einstimmungsetappe** (6-8 Wochen), **Grundlagenetappe** (7-8 Wochen) und **Wettkampfetappe** (etwa 5 Wochen). Alles in allem müssen Sie also etwa fünf Monate für Ihre Marathonvorbereitung einsetzen, vorausgesetzt, Sie können bereits zwischen 1:30 und 2 Stunden ohne Pause laufen.

NATURAL LIVING
RELAY
PANCHO VILLA'S
NEW YORK CITY MARATHON
CHEMICAL
NEW YORK CITY MARATHON
NEW YORK CITY MARATHON
NEW YORK CITY MARATHON
NEW YORK CITY MARATHON
E 61 ST
YOU'RE DOING GREAT
ATLANTA

LIQUOR
F.D.R. DRIVE
BUSES ONLY
FDR DR NORTH DETOUR
ONE WAY
E 62 ST
1130
GOLDEN BELL
DANGERFIELD'S
GO RANDY GO!!!

Trainingsbeispiele

Ihr Ziel lautet, den Marathon **unter 3 Stunden** zu laufen – die ultimative Ambition für die meisten ernsthaften „Amateure“. Falls Sie die Halbmarathondistanz schon seit ein paar Jahren im Griff haben und Ihre persönliche Bestleistung zwischen 1:20 und 1:25 h beträgt, können Sie es schaffen. Trainingsumfang 80-100 km pro Woche, 6 Einheiten.

Einstimmungsetappe

Mo:	15 km Dauerlauf (DL), leicht, Kraftausdauer (Kraftgymnastik, Rope Skipping)
Di:	–
Mi:	20 km DL, leicht
Do:	15 km DL, mittel, Kraftausdauer
Fr:	12 km DL, leicht
Sa:	Crosstraining (Rad, Inlineskating, Aquafit, Nordic Waking, Skilanglauf, Schwimmen usw.)
So:	100-120 min (langer Lauf)

Grundlagenetappe

Mo:	15 km DL, leicht
Di:	–
Mi:	Variante 1: 10 min Einlaufen/Auslaufen (EL/AL), 15 km DL, mittel-schnell; Variante 2: 10 min EL/AL, 3 x 20 min Marathon-Wettkampftempo (MWK), Trabpause (TP) 3 min
Do:	15-20 km DL, leicht

Fr: 15 km DL, leicht, letzte 3 km mittel-schnell, Koordination

Sa: 15 km DL, leicht, Kraftausdauer

So: Allgemeine aerobe Ausdauer (120-180 min langer Lauf oder 3-4 h Wechseltraining) oder spezielle aerobe Ausdauer (Variante 1: 10 min EL/AL, Fahrtspiel 4 x 10 min – auch Hügel, TP 3-4 min; Variante 2: 10 min EL/AL, Fahrtspiel 3 x (10 min schnell, 3 min langsam, 5 min schnell, 2 min langsam); Variante 3: Wettkampf (maximal 25 km)

Wettkampfetappe

Mo: 15-20 km DL, leicht, letzte 3 km MWK, Kraftausdauer, Koordination

Di: – (Oder Crosstraining – falls Sie am Samstag Ruhetag haben)

Mi: 15 km DL, leicht

Do: Variante 1: 10 min EL/AL, 3 x 25 min MWK, TP 3 min; Variante 2: 10 min EL/AL, Fahrtspiel 3 x (12 min schnell, 4 min langsam, 6 min schnell, 3 min langsam); Variante 3: 10 min EL/AL, 40 min Fahrtspiel

Fr: 20 km DL, leicht

Sa: – (Oder 15 km DL, mittel – falls Sie am Dienstag Ruhetag hatten)

So: 120-150 min langer Lauf oder 2-4 h Wechseltraining (abwechseln)

Ihr Ziel: Unter 4 Stunden. Trainingsumfang 50-70 km pro Woche, 4-5 Einheiten.

Einstimmungsetappe

Mo:	10 km Dauerlauf (DL), leicht, Kraftausdauer (Kraftgymnastik, Rope Skipping)
Di:	–
Mi:	15-18 km DL, leicht
Do:	10-12 km DL, mittel, Kraftausdauer
Fr:	–
Sa:	Crosstraining (Rad, Inlineskating, Aquafit, Nordic Walking, Skilanglauf, Schwimmen usw.)
So:	Langer Lauf 90-120 min

Grundlagenetappe

Mo:	10-12 km DL, leicht
Di:	–
Mi:	Variante 1: 10 min Einlaufen/Auslaufen (EL/AL), 10-15 km DL, mittel-schnell, Variante 2: 10 min EL/AL, 3 x 15 min Marathon-Wettkampftempo (MWK), Trabpause (TP) 3 min
Do:	8-10 km DL, leicht, Kraftausdauer, Koordination
Fr:	–
Sa:	10-15 km DL, leicht
So:	Allgemeine aerobe Ausdauer (langer Lauf 120-180 min oder 3-4 h Wechseltraining) oder spezielle aerobe Ausdauer

Variante 1: 10 min EL/AL, Fahrtspiel 5 x 5 min (auch Hügel), TP 3-5 min;
Variante 2: 10 min EL/AL, Fahrtspiel 3 x (8 min Belastung, 3 min TP, 4 min Belastung, 2 min TP, 2 min Belastung, 4 min TP);
Variante 3: Wettkampf bis maximal Halbmarathon

Wettkampfetappe

Mo:	15 km DL, leicht, letzte 1-2 km MWK, Kraftausdauer
Di:	–
Mi:	Crosstraining
Do:	5-10 km DL, leicht
Fr:	Variante 1: 10 min EL/AL, 3 x 20 min MWK, 2 min TP; Variante 2: 10 min EL/AL, Fahrtspiel 3 x (10 min Belastung, 3 min TP, 5 min Belastung, 2 min TP; Variante 3: 10 min EL/AL, Fahrtspiel 20-30 min
Sa:	–
So:	Langer Lauf 105-150 min oder 2-4 h Wechseltraining

Ihr Ziel: Finisher. Trainingsumfang 30-50 km pro Woche, 3-4 Einheiten.

Einstimmungsetappe

Mo:	30-45 min Dauerlauf (DL), leicht, Kraftausdauer (Kraftgymnastik, Rope Skipping)
Di:	–
Mi:	30-45 min DL, leicht
Do:	–
Fr:	Crosstraining (Rad, Inlineskating, Aquafit, Nordic Walking, Skilanglauf, Schwimmen usw.), Kraftausdauer
Sa:	DL, leicht, mit 60 min beginnen und jede Woche um 5 min steigern, 5 min Gehpause alle 30 min; oder 80-120 min Nordic Walking

Grundlagenetappe

Mo:	30-60 min DL, leicht, Kraftausdauer
Di:	–
Mi:	Variante 1: 10 min Einlaufen/Auslaufen (EL/AL), 20-30 min DL, mittel-schnell; Variante 2: 10 min EL/AL, 15-25 min Marathon-Wettkampftempo (MWK); Variante 3: 10 min EL/AL, Fahrtspiel 10-15 min
Do:	–
Fr:	Crosstraining, Kraftausdauer
Sa:	DL, leicht, mit 90 min beginnen und jede Woche um 5-10 min steigern, 3 min Gehpause alle 30 min; oder 90-150 min Nordic Walking; oder 2-3 h Wechseltraining; oder Wettkampf (10 km bis Halbmarathon)

Wettkampfetappe

Mo:	30-60 min DL leicht, Kraftausdauer, Koordination
Di:	–
Mi:	Variante 1: 10 min EL/AL, 30-45 min DL, mittelschnell; Variante 2: 10 min EL/AL, 3 x 10-15 min MWK, Trabpause (TP) 3 min
Do:	–
Fr:	30-45 min DL, leicht, Kraftausdauer
Sa:	90-150 min DL, leicht (mit Gehpausen); oder 120-180 min Nordic Walking bis maximal 2 Wochen vor dem Marathon; oder 2-4 h Wechseltraining

Wettkampfwoche

Mo:	–
Di:	Variante 1: 10 min EL/AL, Fahrtspiel 3 x 10 min MWK, Trabpause 5 min; Variante 2: 10 min EL/AL, Fahrtspiel Belastungen 5-1-1-1-1-1 min, TP 5-1-1-1-1
Mi:	30-40 min DL, leicht
Do:/Fr:	–
Sa:	30 min DL, leicht, 5 Steigerungsläufe
So:	**Marathon**

Integrieren Sie auch Stretching (5-7 Übungen, rund 15 min total) mindestens 2 x pro Woche in Ihr Training.
DL = Dauerlauf, TP = Trabpausen, EL = Einlaufen, AL = Auslaufen, MWK = Marathon-Wettkampftempo

Wechseltraining: Die Hälfte bis zwei Drittel der Zeit wird mit Laufen zurückgelegt, direkt anschließend wechselt man auf eine Crosstrainingssportart (Rad, Inlineskating, Schwimmen, Aquafit...), am Schluss nochmals mindestens 15 min Laufen.
Koordination: Steigerungsläufe und Laufschule sollen 1-2 x pro Woche vor der schnellen Einheit (DL, schnell, Fahrtspiel) durchgeführt werden.
Kraftausdauer: Kraftgymnastik mit dem eigenen Körpergewicht, Rope Skipping.
Crosstraining: Rad, Inlineskating, Schwimmen, Aquafit (Wassergymnastik und Deep Water Running), Nordic Walking, Skilanglauf usw.
Erholung: An mindestens einem trainingsfreien Tag in der Woche ist aktive Erholung angesagt: Dazu eignen sich besonders Massage, Sauna, Sprudelbad usw.

Das richtige Marathontempo

Viele Marathonneulinge machen den gleichen Fehler: Sie legen auf den ersten Kilometern los wie die Feuerwehr und brechen dann auf der zweiten Streckenhälfte ein. In anderen Lebensbereichen mag es richtig sein, Reserven anzulegen, bei einem Marathon erleiden Sie mit dieser Taktik aber garantiert Schiffbruch. Die besten Marathonläufer laufen beide Hälften gleich schnell, einige die zweite Hälfte sogar schneller. Paul Tergat passierte die 21,1 km bei seinem Weltrekordlauf in Berlin in 63 min und brauchte für die zweite Hälfte nur 61:55 min!

Was ist denn überhaupt das richtige Marathontempo? Wir wollen Ihnen eine einfache Berechnungsformel vorstellen, für die Sie nur Ihre Halbmarathonzeit brauchen. Und so geht's: Beispiel Halbmarathonzeit = 1:45 h = 5 min/km. Realistische Marathonzeit: Halbmarathon + 10-15 % = 5:30-5:45 min/km bzw. 3:51-3:56 h Marathonschlusszeit.

Marathoncheckliste

Im Gepäck:

- 2 Paar Schuhe
- Ersatzschuhbändel
- Mindestens 4 Paar Socken
- Shorts und Singlet
- T-Shirt und Shirt mit langen Ärmeln
- Kurze und lange Tights
- Regenjacke
- Mütze und Handschuhe
- Sonnencreme und Sonnenbrille
- Alter Trainingsanzug oder Abfallsack (zum Warmhalten am Start)
- Ersatzunterwäsche
- Eventuell Trinkgurt
- Toilettenartikel, Frottiertuch
- Stoppuhr
- Pflaster, Fußcreme, Massageöl, Entspannungsbad
- Oropax
- Eventuell Energieriegel, Gels, Sportdrinks
- Toilettenpapier
- Kleingeld in einheimischer Währung

Im Handgepäck:

- Schuhe, Socken und Kleider für den Marathon, Marathonbestätigung (Registrierungskarte)

Fragen rund um den Marathon

Wie viele Marathonläufe pro Jahr?

Bis zur vollständigen Erholung nach einem Marathon vergehen rund zwei Monate. Nicht von ungefähr laufen die Besten der Welt nicht mehr als zwei Marathons pro Jahr und achten darauf, dass mindestens fünf Monate dazwischen liegen: zwei für die Regeneration und drei für das eigentliche Marathontraining.

Wie gesund ist ein Marathonlauf?

Der Marathonlauf ist eine Grenzbelastung für den gesamten Organismus. Die Energiedepots werden ausgeschöpft, der Flüssigkeitshaushalt gerät durcheinander, viele Elektrolyte (Salze) gehen verloren, das Immunsystem wird stark belastet und vorübergehend geschwächt und Muskeln und Gelenke werden einem extremen Härtetest unterzogen. Mit anderen Worten: Der Marathonlauf ist nicht gesund, wohl aber das Training, mit dem man sich darauf vorbereitet.

Kann ein Marathon das Herz überfordern?

Ein gesundes Herz kann unter normalen Umständen nicht überfordert werden, ein krankes dagegen sehr wohl. Es sind unerkannte Krankheiten, wie z. B. ein Infekt (dazu zählt auch eine gewöhnliche Grippe) oder ein Herzfehler, die für die meisten der Todesfälle verantwortlich sind, die ab und zu bei einem Stadtmarathon vorkommen. Aber auch Medikamente, Doping oder übertriebener Ehrgeiz können die Schmerzgrenze ausschalten und zu einer Überforderung des Herzens führen. Wenn Sie über 35 Jahre alt sind und bisher relativ unsportlich waren, empfehlen Ihnen Sportmediziner weltweit einen medizinischen Check, bevor Sie mit dem Marathontraining beginnen.

Was zählt bei der Ernährung?

Nicht, wer viel isst, kann seine Leistung verbessern, sondern wer richtig isst. Für Ausdauersportler sollte der Kohlenhydratanteil an der Ernährung 60-65 % betragen. Der Rest setzt sich aus Fett (ca. 20 %) und Eiweiss (ca. 15 %) zusammen. Ideale Kohlenhydratlieferanten sind Teigwaren, Reis, Kartoffeln und Brot. Wichtig ist auch die ausreichende Flüssigkeitszufuhr. Jeder Mensch benötigt mindestens 2 l pro Tag. Bei starker körperlicher Belastung (Training) kommen noch 1-1,5 l pro Stunde hinzu.

Ist Bahntraining sinnvoll?

Die Meinung ist weit verbreitet, Bahntraining sei nur für Junge und Schnelle, für Leistungssportler, aber das stimmt nicht. Das Gute an den Rundbahnen: Sie haben einen verkehrsfreien Allwetterbelag zum Laufen, sogar im Winter. Sie wissen ganz genau, wie weit Sie laufen. Eine Runde auf der Innenbahn ist 400 m lang. Dies ist zum Beispiel wichtig, wenn Sie den 10-km-Testlauf zur Ermittlung der anaeroben Schwelle machen wollen (siehe Kapitel 4: „Halbmarathon"). Wenn Sie auf der Bahn laufen, treffen Sie meist Gleichgesinnte an. Andererseits: Zu viel Bahntraining kann zu Verletzungen führen. Und weil Sie genau wissen, wie weit Sie laufen, können Sie sich nichts über Ihren Fitnessstand vormachen.

Woher kommt die Marathondistanz?

Bei den ersten Olympischen Spielen der Neuzeit 1896 in Athen betrug die Distanz von der kleinen Stadt Marathon zum Panathinaikon-Stadion in Athen ungefähr 40 Kilometer. Es war erst 12 Jahre später in London, als der Marathon seine merkwürdige Länge von 26 Meilen und 385 Yards (42,195 km) bekam – und zwar wegen der königlichen Familie, die den Start vom Balkon des Windsor-Schlosses mitverfolgen wollte. Aus nicht ganz klaren Gründen wurde diese „krumme“ Distanz vom Internationalen Olympischen Komitee übernommen und zur offiziellen Marathondistanz erklärt, beginnend mit den Spielen 1924 in Paris.

FILA
TEAM

KAPITEL 7

Doktor Rosas Geheimnisse

Hinter Paul Tergats Erfolgen steht ein Coach aus Italien: „Dottore" Gabriele Rosa. Natürlich ein italienischer Arzt, werden Sie jetzt vielleicht denken, die sind doch in der Vergangenheit wiederholt im Zusammenhang mit Dopinganschuldigungen ins Gerede gekommen und mussten sich zum Teil sogar vor Gericht verantworten.

In der Tat. Professor Francesco Conconi wurde vor allem durch den nach ihm benannten Test zur Ermittlung der anaeroben Schwelle bekannt. Aber auch als „moderner Doktor Mabuse", der in Ferrara mit Coach Pier-Paolo Lenzi verschiedene Langstreckenläufer, angeführt vom zweifachen

Sieger des New York City-Marathons, Orlando Pizzolato, und von Salvatore Bettiol, auf wundersame Weise zur Blüte brachte. Auch Skilangläufer und der inzwischen an einer Überdosis gestorbene Marco Pantani waren Kunden beim Biochemiker in Ferrara, der seine Schützlinge erst mit Blutdoping und später mit EPO manipulierte. Conconi-Schüler Dr. Michele Ferrari zählt(e) eine ganze Reihe prominenter Radrennfahrer zu seinen Kunden, auch den sechsfachen Tour de France-Sieger Lance Armstrong. Der Russe Pavel Tonkov sagte einmal: „Alle gingen zu ihm, weil es im Peleton hieß, man werde dann schneller." Es war die Zeit, als sehr viele Radrennfahrer plötzlich unnatürlich hohe Hämatokritwerte hatten.

Gegen Dr. Gabriele Rosa hat nie ein Staatsanwalt ermittelt, obwohl auch er ein italienischer Arzt ist, der viele Sportler an die Weltspitze führte. Rosa hat sich immer von Leuten wie Conconi oder Ferrari distanziert und auch nie mit dem italienischen Leichtathletikverband (FIDAL) oder dem nationalen olympischen Komitee (CONI) zusammengearbeitet. Er ging von Anfang an eigene Wege. Selbst nur im Gymnasium ein Läufer, begann er schon als 25-jähriger Medizinstudent, ein paar Jungs aus der Gegend zu trainieren. Später übernahm er das Coaching von Marathonläufern. 1978, mehr als 10 Jahre nach seinen ersten Gehversuchen als Lauftrainer, begann die erfolgreiche Zusammenarbeit mit Gianni Poli, und als dieser 1986 den prestigeträchtigen Marathon in New York gewann, war das auch für den „Dottore" aus Italien der Durchbruch. Viele internationale Athleten kamen auf ihn zu und wollten ihn als Coach. So kam der Kontakt mit dem damaligen kenianischen Spitzenläufer Moses Tanui zu Stande. 1992 startete Rosa das Projekt „Discovery Kenya", das – nach einer kurzen Zeit mit K-Way – bald von der italienischen Sportartikelfirma Fila unterstützt wurde (In der Zwischenzeit gehört Fila einer amerikanischen Gruppe und Rosa arbeitet seit 2005 mit Nike).

Gabriele Rosa ist ein Aristokrat. Er trägt den Namen seines Urgroßvaters, einer der Helden des Risorgimentos, der italienischen Einigungsbewegung im 19. Jahrhundert. Sein Haus außerhalb von Brescia, wo sein Sohn Marco die Klinik „Centro Marathon" führt, gleicht einer Kunstgalerie.

Dr. Rosa erhält als Zeichen der Anerkennung von Tergats Vater eine Ziege

Geld war nie Rosas Antrieb, sondern die Leidenschaft, die Liebe zur Leichtathletik und vor allem zum Langstreckenlauf. „Wenn ich sehe, wie einer meiner Athleten einen Marathon gewinnt, macht mich das enorm glücklich", sagt er. „Das sind immer noch sehr emotionale Momente für mich. Wenn ich einen Athleten besuche und ich sehe, dass er in der Zwischenzeit ein neues Haus gebaut hat – das zeigt mir, dass wir viele Leben verändert haben, und das entschädigt mich für all die Arbeit. Was ich in Kenia mache, mache ich für Freunde. Aber es ist nicht immer

einfach, in diesem Land zu operieren. An einem Tag kann mich der Präsident des nationalen Leichtathletikverbandes zum Nachtessen einladen, am nächsten kann er mir vorwerfen, wir würden die jungen Athleten verheizen. Trotzdem: Nicht nur für viele junge Menschen hat sich in Kenia ein Traum erfüllt, sondern auch für mich persönlich."

„Doctor", wie sie ihn respektvoll nennen, ist der erfolgreichste Marathontrainer der Welt. Bevor Gabriele Rosa damit begann, Läufer im ostafrikanischen Land zu betreuen, war der Marathon in Kenia kaum existent. 1990 figurierte nur ein Einziger, Douglas Wakiihuri, unter den 20 schnellsten Läufern des Jahres, die nächsten beiden, Ibrahim Hussein und Daniel Nzioka, waren zwischen Position 80 und 100 – und Wakiihuri lebte erst noch in Japan, Hussein in den Vereinigten Staaten. 14 Jahre später ist unter den ersten 100 Namen jeder zweite Name ein Kenianer. Und die große Mehrheit kommt aus dem gleichen „Stall".

Doktor Rosa war der Mann, der Kenia in ein Land der Marathonläufer transformierte. Marathon hatte hier keine Tradition. Alle Athleten liebten Crosscountry. Selbst Paul Tergat zog das Laufen im Gelände allem anderen vor. Die kenianischen Trainer waren sehr gut, wenn es um den Crosslauf ging. In Sachen Bahntraining waren sie mittelmässig, aber vom Marathon hatten sie keine Ahnung. Die Meinung war weit verbreitet, ein Marathonläufer müsse möglichst oft drei oder vier Stunden in einem langsamen Tempo trainieren. Rosa kam und stellte das Training völlig auf den Kopf: mehr Qualität, individueller und zielgerichteter. Und es gab immer mehr Trainingscamps.

Das Trainingscamp in Kaptagat

Die guten Athleten wollten bald ihre eigenen Stützpunkte am Ort, wo sie wohnten, um auch anderen Jungen aus der Gegend eine Chance zu geben. So entstanden nach und nach 12 Camps. Darunter in Kabsabet, Kapkitoi, Ngong und Mount Elgon. Das Letzte wurde im Januar 2003 in Kapsait in den Cherangani Hills mit einer Kapazität von 100 Athleten eröffnet. Hier, am Ende der Welt, auf 3.000 m über Meereshöhe, gibt es keine Elektrizität und kein Netz für das Handy. Das Leben der Athleten besteht aus dem Dreiklang Training, Schlafen, Essen.

Das Camp in Kapsait; Rosa in traditioneller Bekleidung mit Würdenträgern bei der Eröffnungsfeier

Rosas Idea war, viele Athleten am gleichen Ort zusammenzubringen und ihnen nicht nur die Trainingsmethoden beizubringen, sondern auch eine Lebensweise. „Es ist nötig, den ganzen Tagesablauf dem Training unterzuordnen“, betont Rosa. Und so sieht das Tagesprogramm in seinen Camps aus:

6.30 Uhr:	Morgentraining
9.00 Uhr:	Frühstück
10.00 Uhr:	Ruhe oder Persönliches
12.30 Uhr:	Mittagessen
14.30 Uhr:	Ruhe
16.30 Uhr:	Nachmittagstraining
19.30 Uhr:	Nachtessen
21.30 Uhr:	Nachtruhe

Dieses Programm gibt nicht nur den Rhythmus für den Tag vor, sondern für das Leben überhaupt. Die Athleten, die sich in den Camps befinden, sind gezwungen, ihre Familien, ihre Freunde und die Jobs für Monate zurückzulassen, um echte, professionelle Sportler zu werden. Rosa fasst seine Philosophie in ein paar Worten zusammen: „Training 2 x am Tag, Erholung und richtige Ernährung."

In Kenia folgen alle Marathonläufer, die bei Rosas Firma „Rosa & Associati" unter Vertrag stehen, dem gleichen Programm, komponiert vom Maestro persönlich. In den letzten drei Monaten vor einem Marathon hat das Training folgende Merkmale:

- Der Kilometerumfang beträgt jede Woche zwischen 210 und 240 Kilometern.
- Die Intensität steigt von Woche zu Woche; in den letzten zwei Wochen wird die Belastung drastisch reduziert.
- Die wöchentlichen Trainingseinheiten wiederholen sich und bestehen aus:
  - einem langen Lauf, abwechselnd 35 oder 38 km,
  - einer Einheit mit kurzen Wiederholungen auf der Bahn,
  - einer Einheit mit langen Wiederholungen auf der Bahn.

  Dieses so genannte technische Training wechselt sich ab mit einem Tag mit zwei Trainingseinheiten zwischen 1 h und 1:15 h, immer in guter Qualität.

(Für mehr Details siehe Kapitel 5, Tergats Programm für den London-Marathon 2002.)

Einheimische Coaches sorgen dafür, dass die Athleten immer auf Kurs bleiben. Gabriele Rosa oder sein Sohn Federico reisen regelmäßig nach Kenia, um zu sehen, ob alles rund läuft. Die Athleten sind in Form, wenn sie für ein Rennen aufgeboten werden. Die langen Läufe zwischen 35 und 38 km sind eine Art Formtest. „Wir wissen, wie schnell einer sein muss, wenn er den Marathon in 2:06 oder 2:07 h laufen will", erklärt Rosa. Der Erfolg kommt nicht von ungefähr.

P.T.: *„Als Doktor Rosa mich zu trainieren begann, trat ich in eine neue Welt. Plötzlich machten wir viel Schnelligkeit und Schnelligkeitsausdauer auf der Bahn, etwas, das ich vorher nicht gekannt hatte. Wenn ich daran denke, dass ich als Cross- und Langstreckenläufer 1996 in der Lage war, die 3.000 m in 7:28 min zu laufen – das war das Resultat seines Trainings. Wenn wir über Doktor Rosa als Person sprechen: Er ist sehr freundlich und professionell. Manchmal ist er sehr impulsiv und Menschen, die ihn nicht gut kennen, mag er arrogant erscheinen. Aber ich kenne ihn als einen sehr liebenswerten und gerechten Mann, für den das Laufen die Welt bedeutet. Am Anfang unserer Zusammenarbeit war er nur der Coach. Im Laufe der Jahre wurde er zu einem sehr engen Freund von mir und meiner ganzen Familie. Ich denke, meine Frau ist der einzige Mensch, der mich besser kennt und versteht als er."*

Sportminister Balala mit Rosa und anderen Prominenten (Sang, Hussein und Keino im Hintergrund)

Rosa & Assiociati: Nummer 1 in Kenia

Doktor Rosas Firma ist mit Abstand die stärkste Kraft, wenn es um Marathon geht. Etwa 40 Leute arbeiten für „Rosa & Associati“ in Kenia, darunter zahlreiche Voll- und Teilzeitcoaches. Sie führen 12 verschiedene Trainingscamps.

Die meisten der insgesamt etwa 200 Athleten leben in den Camps. Einige Nachwuchsathleten, für die die Firma in der Regel das Schulgeld bezahlt, sind immer noch zu Hause oder in einem Internat.

Es gibt kein anderes Team mit so vielen Marathonsiegen und Podestplätzen in den letzten Jahren:

2000: 22 x Gold, 21 x Silber, 19 x Bronze
(53 Marathonbeteiligungen)

2001: 24 x Gold, 21 x Silber, 22 x Bronze
(55 Marathonbeteiligungen)

2002: 39 x Gold, 28 x Silber, 27 x Bronze
(72 Marathonbeteiligungen)

2003: 36 x Gold, 27 x Silber, 25 x Bronze
(62 Marathonbeteiligungen)

2004: 25 x Gold, 25 x Silber, 21 x Bronze
(63 Marathonbeteiligungen)

Rosas erfolgreichste Athleten:

Paul Tergat: Gewann eine Rekordzahl von fünf Crossweltmeistertiteln, dazu zwei im Halbmarathon, verbesserte Weltrekorde über 10.000 m 1997 (26:27,85 min), im Halbmarathon 1998 (59:17 min), im Marathon 2003 (2:04:55 h in Berlin).

Moses Tanui: Gewann WM-Titel über 10.000 m 1991 und im Halbmarathon 1995, gewann den Boston-Marathon 1996 und 1998, Weltrekord im Halbmarathon 1993 (59:47 min).

Margaret Okayo: Gewann die Marathons in San Diego 2000 und 2001, New York 2001 und 2003, Boston 2002, Mailand 2002 und London 2004.

Martin Lel: Gewann die Halbmarathon-WM und den New York-Marathon 2003.

Sammy Korir: Gewann die Marathons in Florenz und Cancun 1996, Amsterdam 1997 und 1999, Turin 1999, Beppu und San Diego 2002; Zweiter hinter Tergat in Berlin 2003 mit einer Sekunde Rückstand.

Joseph Chebet: Gewann die Marathons in Amsterdam 1996, Turin 1997, Boston und New York 1999.

Elijah Lagat: Gewann die Marathons in Jerez 1994, Berlin 1997, Prag 1998 und Boston 2000.

Robert Cheruiyot: Gewann den Boston-Marathon 2003.

Charles Kamathi: Gewann den WM-Titel über 10.000 m 2001.

(Viele andere haben überall auf der Welt Rennen gewonnen.)

Rosas Team organisiert in Kenia verschiedene Rennen, speziell in und um Eldoret herum: Das Discovery Crosscountry gibt es schon seit 1993 und ist in der Zwischenzeit mit mehr als 2.000 Teilnehmern, darunter auch ganz Junge, die größte derartige Veranstaltung im Land. Daneben wird auch ein Halbmarathon und ein 10-km-Straßenlauf durchgeführt.

Natürlich sind diese Rennen nicht nur dafür da, den Athleten der zweiten Garnitur eine Startgelegenheit zu bieten, sie werden von den Talentsuchern der Firma auch dazu benutzt, Nachwuchs für die Camps zu rekrutieren. Für jemand, der – vor allem dank Fila – Millionen von Dollars für die kenianische Laufszene hingeblättert hat, ist dies durchaus legitim. Es gibt genügend andere, Leute, die sich „Manager“ nennen, aber im Grunde genommen nur darauf aus sind, den ahnungslosen Athleten das Mark aus den Knochen zu saugen und in keinem Moment daran denken, dem Sport und den Sportlern zu helfen.

Neben den permanenten Camps organisieren Rosas Leute auch periodisch Trainingslager für Jugendliche. Hier ein Beispiel eines Trainingsprogramms, wie es im Kaptarakwa-Camp zur Vorbereitung der Cross-Saison verwendet wird (2 Wochen):

Trainingsprogramm Kaptarakwa, Camp für Jugendliche (Vorbereitung auf die Cross-Saison)

Tag	Früher Morgen	Mitte Morgen	Nachmittag
Montag:	Hügelläufe 200-300 m mittel-schnell (60-80 %)	10 x 200 m techn. Läufe	40-50 min DL leicht (50-60 %)
Dienstag:	60 min DL leicht (50 %)	Schnelligkeit: 10 x 200 m, 10 x 300 m (90 %)	–
Mittwoch:	50 m DL leicht (50-60%)	50 min Diagonale (180-200 m)	–
Donnerstag:	40 min schnell (80-90 %)	(Trainingstheorie)	40 min DL leicht (50-60 %)
Freitag:	40-50 min DL leicht-mittel (50-70 %)	Gymnastik/Stretching	40 min Jogging (50%)
Samstag:	70 min Long Jog (50 %)	(Hausputz)	(Hausputz)
Sonntag:	60 min DL leicht-mittel (50-70 %)	–	–
Montag:	50 min DL leicht (50-60 %)	35 min DL mittel (70 %)	60 min Fahrtspiel
Dienstag:	50 min mittel (70 %)	Gymnastik/Stretching	15 x 300 m techn. Läufe
Mittwoch:	60 min DL leicht (50 %)	–	35-40 min Diagonale
Donnerstag:	40 min DL leicht (50-60 %)	30 min DL leicht (50-60 %)	12 km DL schnell (90 %)
Freitag:	60 min DL leicht (50 %)	30 min techn. Läufe	50 min DL leicht (50-60 %)
Samstag:	Interner Wettkampf	–	40-50 min DL leicht (50-60 %)

Bemerkung: Hauptziel ist die Verbesserung der aeroben Kapazität und der Schnelligkeitsausdauer

Rosas Tipps für ambitionierte Läufer

Es bringt nichts, wenn man 1 x im Jahr vielleicht drei Wochen in der Höhe trainiert. Höhentraining macht nur Sinn, wenn man lange in der Höhe ist oder mehrmals ein paar Wochen im Jahr. Auf der anderen Seite: Langstreckenläufer können eindeutig von der Höhe und der damit verbundenen, vermehrten Produktion der roten Blutkörperchen profitieren, die für den Sauerstofftransport essenziell sind. Robert de Castella, Steve Jones, Arturo Barrios, Uta Pippig und andere Weltklasseathleten gingen nach Boulder im US-Bundesstaat Colorado und lebten auf einer Höhe wie die Kenianer. Der Körper passt sich mit der Zeit den neuen Gegebenheiten an, das heißt, er verfügt über mehr Hämoglobin und damit über eine bessere Sauerstoffaufnahme.

Nach unseren Studien führt auch ein Aufenthalt von 10-12 Tagen auf einer extremen Höhe von etwa 4.000 m über dem Meer zu einer bedeutsamen Hämoglobinzunahme (zum Beispiel im Gebiet des Titicacasees in der Grenzregion von Bolivien und Peru). Wie auch immer: Wer sich entscheidet, in einer solchen Höhe zu trainieren, muss ein paar wichtige Regeln befolgen. Man muss bereits in einer sehr guten Form sein, weil man dort oben nur joggen kann, sagen wir 2 x am Tag eine Stunde leichter Dauerlauf. Drei Wochen vor dem Wettkampf müsste dann die Rückkehr ins Tiefland stattfinden, wo man nochmals ein paar qualitative Trainingseinheiten machen kann.

Ich bin überzeugt, dass Training im hügeligen Gelände für einen Marathonläufer sehr wichtig ist. Einer, der immer im Flachen läuft, verliert mit der Zeit an Kraft. Der andere Punkt ist der Trainingsumfang. Für mich war Qualität immer wichtiger als Quantität. Ich halte selbst bei Spitzenläufern nichts von Umfängen von 250 und mehr Kilometern pro Woche; Tergat ist da eine Ausnahme. Ich halte auch nichts von einer Stunde im 4-Minuten-Schnitt, was viele andere Trainer gut finden. Meine Topläufer beginnen vielleicht mit 4:20 min pro Kilometer und hören dann mit 3:20 oder 3:10 min auf. Ich bin ein Anhänger des progressiven Laufens. Wichtig ist für jeden Marathonläufer, dass er auch Bahnintervalle oder Fahrtspiele macht, sonst wird er sehr rasch langsamer.

Ein ganz entscheidender Tipp für einen Langstreckenläufer, der auf die Marathondistanz wechseln will: Lass dir Zeit! Es braucht Jahre, bis ein 10.000-m-Läufer einen optimalen Marathon laufen kann. Man muss wissen: Wenn einer 10.000 m läuft, braucht er viel Superbenzin, um es mal so zu nennen. Im Marathon spielt eine andere Biochemie eine Rolle. Der Körper muss mit dem Glykogen sparsam umgehen und auch Fett verbrennen. Zudem ist auch die Lauftechnik anders als auf der Bahn. Bei Moses Tanui dauerte es drei

Jahre, bis die Umstellung vollzogen war, obwohl er bereits ein erfolgreicher Halbmarathonläufer war. Inzwischen hat er 2 x Boston gewonnen und gehört mit 2:06:16 h auch zu Beginn des Jahres 2005 zu den schnellsten Marathonläufern aller Zeiten.

Ich denke, dass nicht jeder gute Langstreckenläufer automatisch ein guter Marathonläufer wird. Haile Gebrselassie, zweifellos der überragende Bahnläufer der 90er Jahre, ist meines Erachtens nicht für den Marathon geschaffen. Natürlich lief er 2:06:35 h in seinem ersten Marathon 2002 in London, aber für mich ist das noch kein Beweis. Wir haben im Crosslauf gesehen, dass er kein Alleskönner ist. Er lief jahrelang sehr stark auf der Bahn und vor allem der federnde Hallenboden kam seinem springenden Laufstil entgegen. Auf der Straße muss man viel ökonomischer laufen. Ich bin sehr gespannt, was er im Marathon noch zustande bringt.

Dr. Gabriele Rosas Philosophie für ernsthafte Hobbyathleten:

„Trainiere, um Spaß zu haben und um deine körperliche Form zu verbessern."

Zwei angesehene Paare: Die Rosas und die Tergats bei der IAAF Gala in Monaco

real
FILA
real
83
C6
real
2
smart
real
BERLIN
MARATHON
27.+28. September 2003
real
real
30. BERLIN
MARATHON
27.+28. September 2003
real

KAPITEL 8

Die Krönung in Berlin

Seine Frau Monica wartete auf ihn. Und als er nach diesen unglaublichen 2 Stunden, 4 Minuten und 55 Sekunden ins Ziel stürmte, war sie die Erste, die ihm gratulierte. Sie umarmte ihn und ließ ihn lange nicht mehr los, Tränen liefen über ihre Wangen. Monica Tergat wusste, wie viel ihr Mann für diesen Moment geopfert und wie sehr er sich diesen Weltrekord gewünscht hatte. Im Training hatte er seinen Körper bis an die Grenze geplagt.

P.T.: *„Meine Frau war die einzige Person, die schon fast ein Jahr im Voraus wusste, dass ich den Weltrekord versuchen werde. Sie war die einzige Person, die mich immer unter-*

stützte und motivierte. Sie war die Einzige, die ich jetzt, wo die Stunde der Wahrheit gekommen war, in meiner Nähe haben wollte. Wir haben den Moment des Triumphs zusammen ausgekostet. Er war süß wie Zucker, vor allem für sie, die wusste, was ich durchgemacht hatte: all das harte Training, die Verzichte, oft sehr früh zu Bett gehen und wieder früh aufstehen, die Kinder nicht sehen, wenn sie in die Schule gingen. Es war eine gewaltige Schinderei. Die meisten Leute haben keine Ahnung, was hinter einer solchen Leistung steckt. Die Freude und die Emotionen, wenn du ein großes Rennen gewinnst oder einen Rekord brichst: Das ist es, was dich entschädigt für alle die körperlichen und psychischen Schmerzen während der Vorbereitung. Obwohl ich von meinen ersten fünf Marathonläufen keinen gewinnen konnte, trug ich den Glauben stets in mir. Ich denke nie, etwas sei unmöglich, bevor ich es versucht habe.“

Tergat war sehr enttäuscht von seiner Leistung im April in London, wo er mit Magenproblemen zu kämpfen hatte und im Endspurt auf den vierten Platz relegiert wurde. Deshalb begann er mit der Vorbereitung auf Berlin bereits im Mai. Er ließ seine beiden Tempomacher Titus Munji und Michael Rotich und ein paar andere Läufer nach Ngong kommen und die Gruppe trainierte mehr als drei Monate zusammen. Natürlich wollte ihn Chicago zurück, aber Tergat gab Berlin den Vorzug, wo ihm die Organisatoren mit Vater Horst und Sohn Mark Milde versprachen, das Rennen ganz auf ihn auszurichten und alles zu tun, damit sein Traum in Erfüllung gehen konnte. In früheren Marathonläufen hatte Tergat immer wieder die gleiche Erfahrung gemacht: Wenn zu viele starke Athleten im Feld sind, kommt immer der Moment, wo die Leute vergessen, schnell zu laufen und nur noch an den Sieg denken.

Vor Berlin änderte er sein Training leicht: mehr lange Läufe, zum großen Teil in einem eher mäßigen Tempo, weil er bis dahin immer auf dem letzten oder den letzten zwei Kilometern Schwierigkeiten hatte. Er verlängerte seine längsten Trainingsläufe von 38 auf 40 Kilometer, und einmal legte er sogar 45 Kilometer zurück – in 2:29 h auf einer schwierigen, hügeligen Strecke. Er lief diese 45 Kilometer, damit ihm die 42 Kilometer im Rennen nicht mehr so lang vorkamen. Ein psychologischer Trick, wie er es nennt. Tergat entschied sich von sich aus dazu. Es war erst nach dem Weltrekord, als er Coach Rosa davon erzählte. Den wöchentlichen Kilometerumfang erhöhte er bis auf etwa 300 Kilometer. Zu viel? „Es zahlte sich hundertprozentig aus."

P.T.: *„Das Geld war mir egal. Ich wollte den Weltrekord brechen, nichts anderes. Ich sprach schon Monate im Voraus davon. Das Wissen, dass ich den Rekord angreifen würde, gab mir eine riesige Motivation. Und dann kam dieser 28. September. Es war das perfekte Rennen, das Wetter und die flache Strecke waren ideal. Ich hatte keinerlei Probleme unterwegs, aber ohne die Hilfe meiner Freunde wäre es nicht möglich gewesen. Gott gab mir sehr starke Jungs, die in ihrer besten Form waren und bereit, mich zu unterstützen. Du kannst keinen Marathonweltrekord brechen, wenn du auf den letzten 7 oder sogar 10 km allein bist. Ich bin den Tempomachern, speziell Titus Munji und Sammy Korir, zu größtem Dank verpflichtet. Sie machten einen sensationellen Job."*

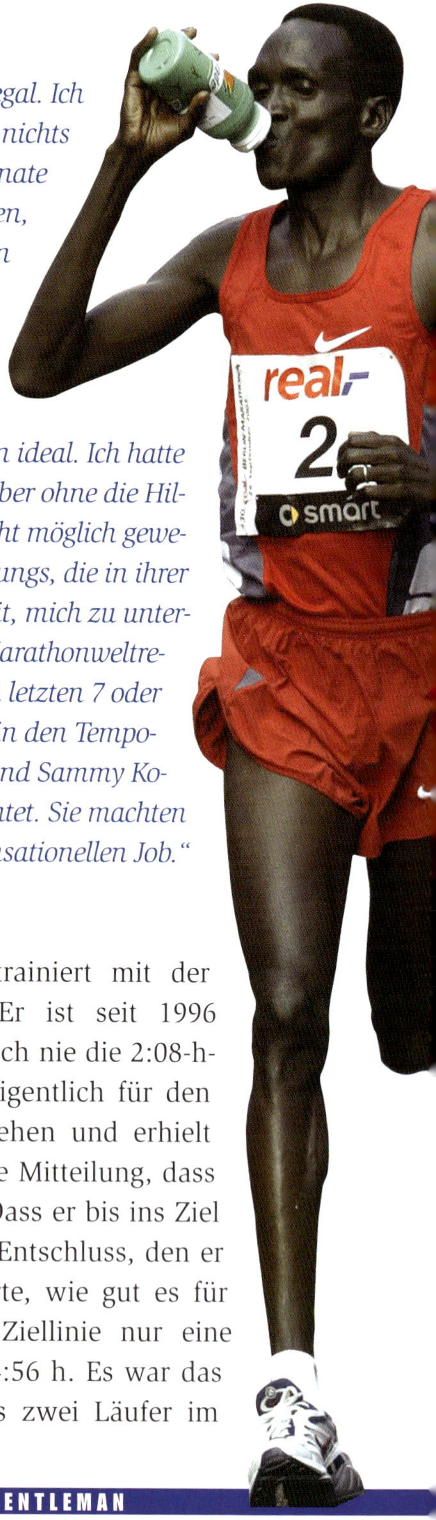

Korir lebt in Eldoret und trainiert mit der Gruppe von Fred Kiprop. Er ist seit 1996 Marathonläufer, hatte aber noch nie die 2:08-h-Grenze unterboten. Er war eigentlich für den Amsterdam-Marathon vorgesehen und erhielt erst eine Woche vor Berlin die Mitteilung, dass er Tergats Helfer sein sollte. Dass er bis ins Ziel durchlief, war ein spontaner Entschluss, den er unterwegs fasste, als er spürte, wie gut es für ihn lief. Korir kreuzte die Ziellinie nur eine Sekunde hinter Tergat in 2:04:56 h. Es war das erste Mal in 15 Jahren, dass zwei Läufer im gleichen Marathon den Weltrekord brachen, und Paul Tergat war erst der zweite Mensch neben dem legendären Finnen Johannes Kohlemainen vor mehr als 90 Jahren, der in seiner Karriere sowohl einen Weltrekord über 10.000 m als auch im Marathon aufstellte.

Hatte Tergat Angst, er könne das Rennen und damit auch den Rekord an Korir verlieren – der in Berlin die eigentliche Sensation war? „Nicht eine einzige Sekunde", sagt er ohne Zögern. „Ich fühlte mich sehr stark und kontrollierte das Rennen jederzeit, auch wenn er mir eigentlich einen Streich gespielt hat. Nach 35 km wusste ich, dass er nun ein Konkurrent war, nach Kilometer 40 war er ein ernsthafter Gegner, ein potenzieller Sieger. Deshalb griff ich bei Kilometer 41 an. Leider verlor ich den größten Teil meines Vorsprungs beim Brandenburger Tor, wo ich für einen Moment abbremste, weil ich nicht wusste, wo ich durchlaufen musste." Die Stadtverwaltung hatte nicht zugelassen, dass die blaue Linie auch beim geschichtsträchtigen Tor auf die Straße gepinselt wurde.

Waren die 2:04:55 h das bestmögliche Resultat? Tergat denkt kurz nach, bevor er sagt: „An diesem Tag war es das Maximum. Aber ich bin sicher, es besteht eine gute Chance, schon bald 2:04:30 h zu laufen. Unter 2:04 h ist für die nächste Generation." Und auf die Frage, was der schwierigste Teil des Rennens war:

P.T.: *„Die Stunden nach dem Marathon waren die härtesten. Du bist müde, dein Körper tut weh, aber du musst von einem Interview zum anderen, du hast in wer weiß wie viele Kameras zu lächeln. Jeder will etwas von dir."*

30. BE
running
real
www.berlin-marathon.com
SCHENKER
Stinnes Logistics
Berliner Wasserbetriebe
Gatorade
RICOH
smart
adidas
Bewag
Das Erste
88acht
Berliner Morgenpost
rbb
BERLINER Pilsner

Tergat vs. Khannouchi

Paul Tergats Zwischenzeiten waren fast auf der ganzen Strecke langsamer als die seines Rekordvorgängers Khalid Khannouchi.

	Khannouchi, London 2002 2:05:38 h		Tergat, Berlin 2003 2:04:55 h	
5 km	14:44 min		15:00 min	
10 km	29:37 min	(14:53)	29:55 min	(14:55)
15 km	44:35 min	(14:58)	44:45 min	(14:50)
20 km	59:33 min	(14:58)	59:43 min	(14:58)
25 km	1:14:10 h	(14:37)	1:14:42 h	(14:59)
30 km	1:29:01 h	(14:51)	1:29:24 h	(14:42)
35 km	1:43:58 h	(14:57)	1:43:59 h	(14:35)
40 km	1:59:11 h	(15:13)	1:58:36 h	(14:37)
Halbm.	1:02:47 h		1:03:01 h	

Als er nach vier Stunden im Hotel eintraf, war er völlig kaputt. Aber er konnte kaum ausruhen, bevor er mit seiner Frau Monica, mit Korir, Munji, Rotich, Coach Gabriele Rosa und dessen Sohn Federico zum Nachtessen ging. Und dann wurde er beim offiziellen Empfang und der Preisverteilung erwartet. Kein Wunder, nach einem solchen Tag voller Ereignisse und Emotionen, dass Tergat in der Nacht keinen Schlaf fand. Aber das störte ihn jetzt überhaupt nicht: „Wenn du glücklich bist, spielt das keine Rolle." Drei Wochen später schmerzten Tergats Beine beim Abwärtslaufen immer noch.

Das neue Nummernschild: 204 B für 2:04 Berlin

Kenias Zeitungen hatten von Tergats Reise nach Berlin kaum Notiz genommen. Umso größer war die Überraschung und die Freude, als die Nachricht vom Weltrekord schließlich die Runde machte. Und als der neue Nationalheld an jenem Mittwochmorgen am Jomo Kenyatta Airport in Nairobi ankam, warteten Hunderte von Menschen auf ihn. Verwandte und Nachbarn kamen durch die Nacht hindurch in Bussen von seinem Geburtsort Riwo. Unbeschreibliche Szenen spielten sich ab. Es war der größte Empfang für einen kenianischen Sportler seit der Unabhängkeit vor 40 Jahren.

Paul Tergat beim Empfang in Nairobi mit den Insignien eines Kriegers

Sportminister Najib Balala leitete die Gratulationscour im überfüllten VIP-Raum und versprach dem neuen Weltrekordhalter, dass schon in Kürze eine „bedeutende Straße“ in Nairobi in „Paul Tergat Street“ umbenannt werde. Vor dem Flughafen wurde Tergat von traditionellen Tänzern mit den Insignien eines „Warriors“, eines erfolgreichen Kriegers, versehen und bekam von seiner Mutter, wie es die Tradition verlangt, eine mit „Mursiik“ (Sauermilch) gefüllte Kalebasse.

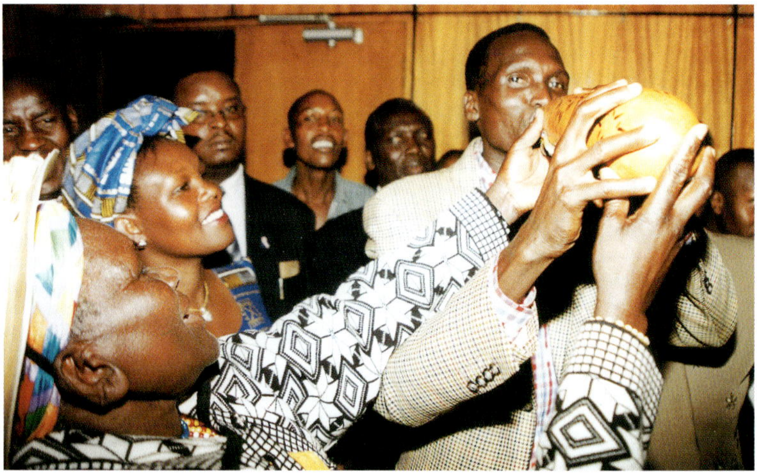

Am Nachmittag wurde in Tergats Haus in Ngong „en famille“ weitergefeiert und auch das ARD-Marathonvideo angeschaut. Am nächsten Morgen holte ihn der Wecker bereits um 6 Uhr aus den Träumen. Flug nach Eldoret, der „Welthauptstadt des Laufens“, wo Leute wie Kipchoge Keino, Ibrahim Hussein, Moses Tanui, Patrick Sang, Yobes Ondieki, Moses Kiptanui, Noah Ngeny, Daniel Komen, Bernard Barmasai, Reuben Kosgei, Japhet Kimutai, Sammy Korir und Stephen Cherono alias Said Saaeef Shaheen wohnen. Dann im Autokorso in die Stadt, Empfang beim Bürgermeister, Eintrag ins Goldene Buch. Und weiter ging’s auf abgesperrten Straßen mit etwa 40 Fahrzeugen zum Geburtsort von Sammy Korir. Selbst Dollarmillionär Tergat bekam die traditionellen Geschenke: eine Kalebasse (dickbäuchiges, aus einem Flaschenkürbis oder der Frucht des Kalebassenbaumes hergestelltes Gefäß mit langem Hals) in die Hand und zwei, drei Wolldecken umgehängt.

Titus Munji, Paul Tergat und Sammy Korir

Zu Hause bei Sammy Korir, unten: Korir, Tergat und Munji

Nach diesen zwei anstrengenden Tagen gönnte sich der neue Marathonheld eine Verschnaufpause von einer Woche, bis er die letzte Ehrenrunde in Angriff nahm: einen Triumphzug im offenen Landcruiser von seinem Zweitwohnsitz Kabarak bei Nakuru nach Riwo. Die Feier fand auf dem Areal der „Riwo Primary School" statt, wo Paul Tergat vor 20 Jahren zur Schule ging.

Die Feier in Riwo, unten: die Paare Tergat und Wirz, links Tergats Mutter

Fanta
Fanta

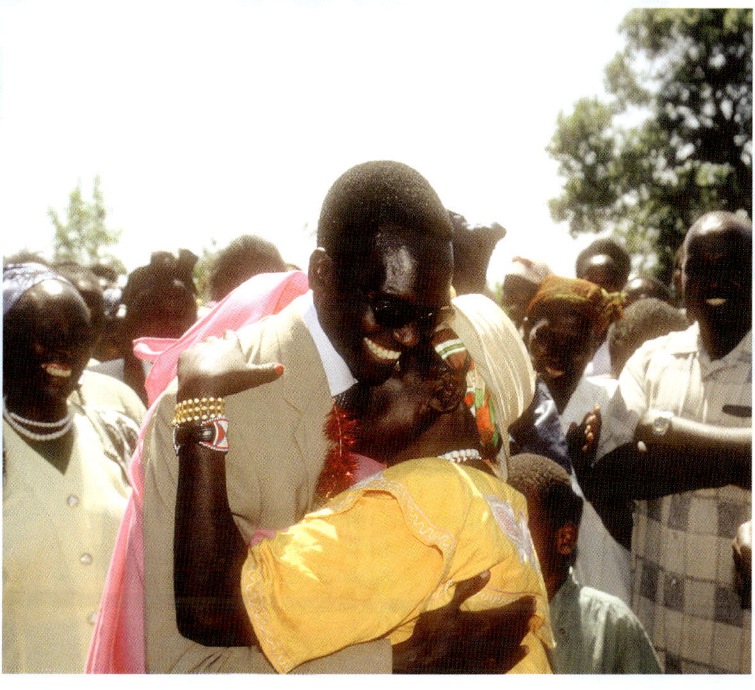

Frauengruppen und Kinder sangen und tanzten, es gab viele, viele Reden (Kenianer lieben es, Reden zu halten) und dann folgte der Höhepunkt: Tergat wurde von den Stammesältesten in ein Tierfell gekleidet und zum „Tugen Elder“ ernannt. Das bedeutet: Wenn die Tugen – wie die als Läufer besonders starken Nandi, zu den Kalenjin gehörend – ein schwieriges Problem zu lösen haben, wird der Marathonkönig zu Rate gezogen. Neben ihm haben die Tugen nur zwei andere „Ältere“: Daniel Arap Moi, den früheren Staatspräsidenten, und dessen Sohn Gideon.

Damit jemand diese Auszeichnung bekommen kann, muss er in den Augen der Tugen eine außergewöhnliche Persönlichkeit sein. Es kann Jahrzehnte oder sogar Jahrhunderte dauern, bis wieder ein „Elder“ bestimmt wird. Tergat bekam diese größte Ehre, die einem Tugen zuteil werden kann, nicht nur wegen seiner grandiosen Erfolge im Sport, sondern auch wegen seiner hervorragenden Leistungen im humanitären Bereich, nicht zuletzt im Gemeinwesen von Riwo. Und auch, weil er nie seine Wurzeln verleugnet hat. Wenn er in Riwo ist, kann er immer noch ins örtliche Gasthaus gehen und mit den Dorfbewohnern einen Tee trinken. Dort versucht er seinen ehemaligen Schulkollegen und Nachbarn dann klarzumachen, dass im Leben nichts unmöglich ist.

Am Ende der Feierlichkeiten war Tergat müde, aber glücklich. Und stolz, der Erste zu sein, der den Marathonweltrekord nach Kenia gebracht hat.

P.T.: *„Die Empfänge und Feiern waren sehr emotionale Ereignisse. Ich spürte, dass mich die Kenianer jetzt in einem anderen Licht sehen. Dieser Weltrekord hat eine große Bedeutung für mich. Er fasst meine ganze Karriere zusammen. Es ist der Höhepunkt meines Sportlerlebens, eine neue Dimension. Alles, was ich bisher erreicht hatte, verschmolz in dieser Leistung. Ich lief erfolgreich auf der Bahn, im Crosslauf und auf der Straße. Jetzt kann ich mit Stolz sagen: Marathon, das ist die Mutter des Laufens. Egal, ob Sie ein Jogger sind oder ein Weltklasseläufer – der Marathon ist der Traum von uns allen. Egal, ob Sie versuchen, die Vier-Stunden-Grenze zu unterbieten oder den Weltrekord, wir müssen für den Erfolg kämpfen. Ich glaube, der Marathonweltrekord ist der Härteste von allen. In einem Marathon betrittst du nach etwa 38 Kilometern Niemandsland. Der Körper beginnt zu schmerzen, die Beine möchten anhalten, nur der Kopf treibt dich vorwärts."*

Tergats Gedanken:

- Wenn du etwas Außergewöhnliches erreichen willst, eine persönliche Bestleistung oder einen Rekord, musst du bereit sein, Opfer zu bringen. Im Training gibt es keine Abkürzungen.
- Sage nie, etwas sei unmöglich, bevor du es versuchst hast. Wenn du denkst, es sei nicht möglich, heißt das, du hast bereits aufgegeben.
- Gib nie deiner Umgebung oder deiner Herkunft die Schuld, wenn du etwas nicht schaffst. Es kommt nur darauf an, was du aus deinem Leben machst. Dein Schicksal liegt in deinen Händen.

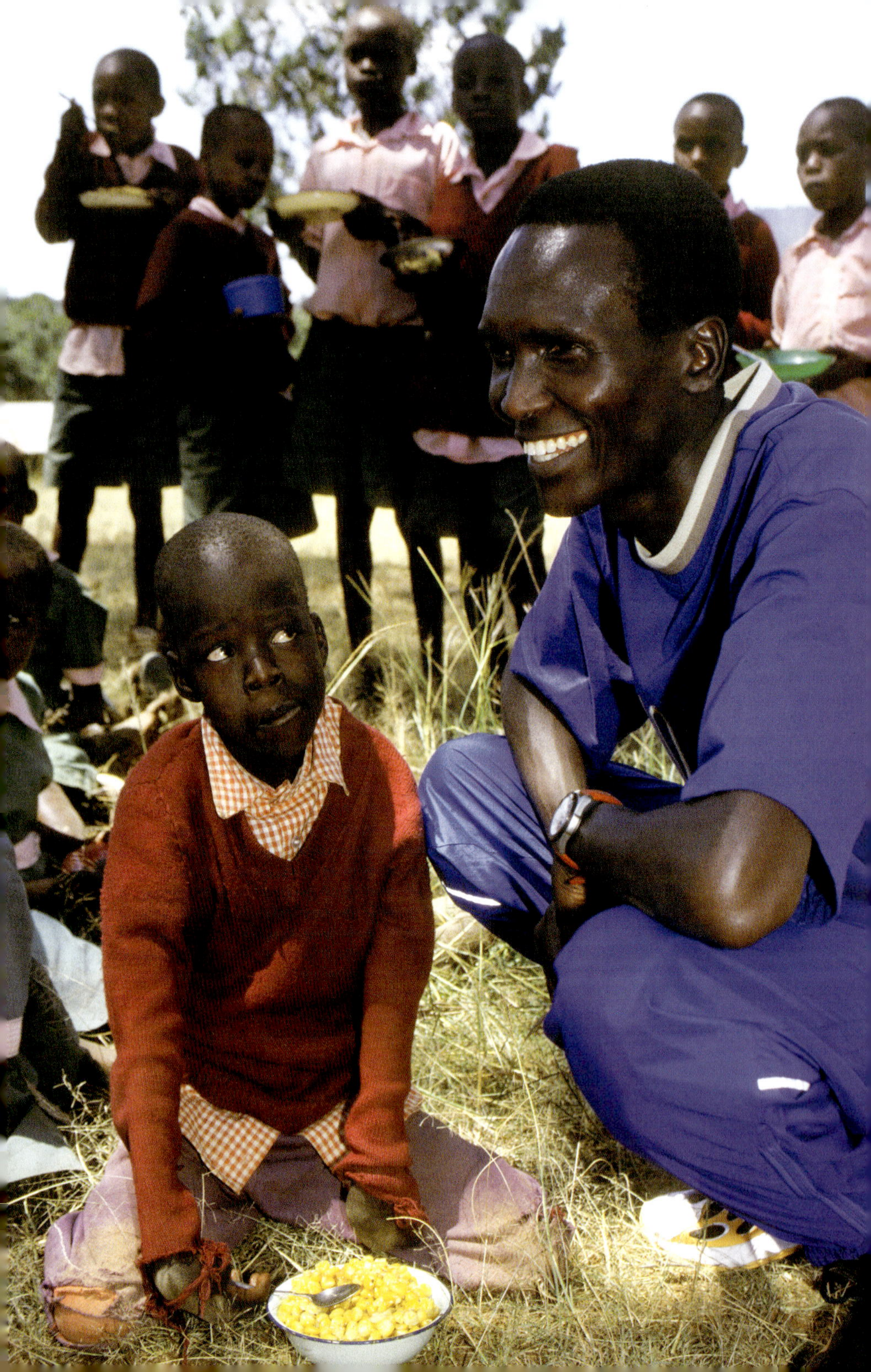

Sie waren „ewig“ verlobt, bevor sie im November 1994 heirateten

KAPITEL 9

Der Privat- und Geschäftsmann

Paul Tergat spricht sanft, aber er spricht auch gut und artikuliert. Seine Pressekonferenzen sind immer hervorragend besucht, weil er in jeder Situation jovial ist, ein echter Gentleman und Sportsmann, egal, ob er gewonnen oder verloren hat. Er ist bei Konkurrenten genauso beliebt wie bei Geschäftsleuten und Politikern überall auf der Welt – und bei Millionen von Fans. Er schaffte es, in einer glitzernden Welt von Sportpersönlichkeiten einfach und bescheiden zu bleiben.

P.T.: *„Es ist ein schönes Gefühl, wenn du irgendwo unterwegs bist und fast jeder erkennt dich. Die Leute identifizieren dich ja mit etwas Gutem. Ich fühle mich geehrt. Die Menschen schätzen, was ich für den kenianischen Sport getan habe – und speziell, dass ich den Marathonweltrekord in dieses Land gebracht habe. Es ist*

erstaunlich, wie viele Leute aus unterschiedlichsten Schichten und Bereichen meine Leistungen bewundern. Andererseits möchten natürlich viele an meinen Erfolgen teilhaben, so viele wollen etwas von mir. Das macht das Leben ein bisschen schwierig. Du musst wissen, wie du alles im Gleichgewicht hältst. Zum Glück habe ich recht viele Leute, die für mich und meine verschiedenen Geschäfte tätig sind. Sie blocken all die unwichtigen Anfragen und Wünsche ab. Mein Job ist Laufen. Solange ich ein professioneller Läufer bin, muss ich mich ganz auf mein Training konzentrieren. Und neben dem Sport brauche ich auch Zeit für meine Familie. Ich habe eine Verpflichtung, in der Nähe meiner heranwachsenden Kinder zu sein. Ich könnte es nicht ertragen, wenn sie mich eines Tages fragen würden, warum ich nie für sie da war."

Der Ehemann und Familienvater

Tergat sagt, seine Frau Monica („Sie ist die liebste Frau der Welt.") sei die Person, die ihn zu dem gemacht habe, was er ist. Er denkt, wenn sie sich nicht in all den Jahren so intensiv um die Familie gekümmert hätte, wäre er nie so erfolgreich geworden. Als die Kinder noch klein waren, ging er sehr oft auf Reisen. Sie unterstützte und ermutigte ihn immer, auch wenn sie selbst nie eine Athletin war. Monica Tergat ist eine diplomierte Krankenschwester, die auch heute noch zeitweise in einem öffentlichen

Krankenhaus arbeitet – und im Moment ein Fernstudium betreibt. Wenn alles klappt, bekommt sie ihren akademischen Grad im Verlaufe des Jahres 2005. Was für eine erstaunliche Geschichte für sich! Paul und Monica stammen aus der gleichen Gegend. Sie kannten und mochten einander schon, als sie noch sehr jung waren. Paul nennt es „eine natürliche Liebe". Die beiden waren eine Ewigkeit verlobt, bevor sie im November 1994 heirateten. Monica kannte und akzeptierte seine bescheidene Herkunft. Sie liebte ihn für das, was er ist und nicht für das, was er hatte. Beide haben nie vergessen, wo sie herkamen. Und auch jetzt, wo sie das Geld haben, um ihre drei Kinder Ronald, Harriet und Gloria auf sehr gute Schulen zu schicken, gibt es im Hause Tergat eine wichtige Devise: Es gibt Werte im Leben, die sind weit wichtiger als das Geld.

Urlaub auf Sansibar

Für Paul Tergat ist die Familie die Quelle für seine mentale Stärke. Andererseits bringt es ihn schnell aus dem Konzept, wenn ein Familienmitglied Probleme hat oder krank ist. Der hart kämpfende Athlet ist ein sehr sensibler Ehemann und Vater.

Der Geschäftsmann

Auch wenn er Millionen von Dollars durch das Laufen verdient hat, war Paul Tergat nie ein Athlet, der es nötig hatte, dies in der Öffentlichkeit zu zeigen und mit immer neuen Autos oder einer Supervilla anzugeben. Seine Frau fährt einen Gebrauchtwagen und das Haus, in dem er mit seiner Familie lebt, bewohnt er seit 1998. Es befindet sich im kleinen Ort Ngong außerhalb von Nairobi in der Nachbarschaft von Karen, benannt nach der dänischen Schriftstellerin Karen Blixen. Für einen Athleten seines Kalibers ist das Haus bescheiden. Aller-

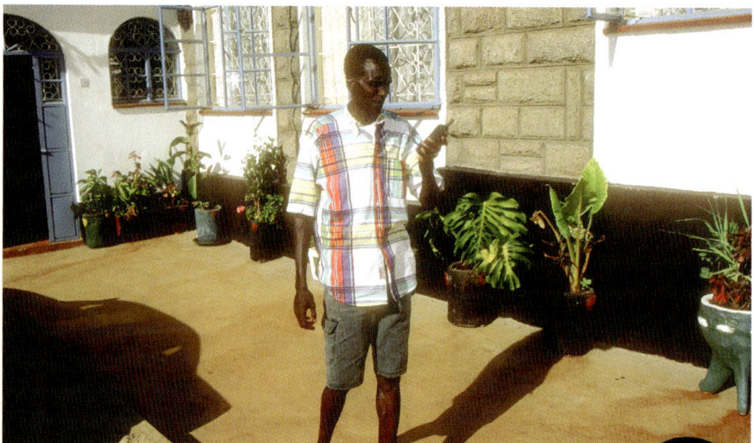

dings soll nicht verschwiegen werden, dass er im Laufe der Jahre in Turbo, im Nordwesten des Landes, eine Farm mit 40 Acres Land (etwa 16 Hektar) gekauft hat und in Kabarak, in der Nähe von Nakuru, in der direkten Nachbarschaft von Daniel Arap Moi, Kenias früherem Staatspräsidenten, eine solche mit 80 Acres (etwa 32 Hektar). Dort hat er seinen Zweitwohnsitz und auch ein Haus für seine Mutter gebaut, eine sehr sympathische, lebensfrohe, starke

Das neue Haus in Kabarak in der Nachbarschaft des früheren Präsidenten Moi

Frau. Alles in allem besitzt er etwa 100 Rinder und Milchkühe. So, wie er es sich im Moment denkt, wird er mit seiner Frau Monica in Zukunft in Kabarak leben.

Paul Tergat mag nicht über sein Geld sprechen – wer macht das schon gerne? – und auch nicht über seine Investitionen. Gleichzeitig ist ihm bewusst, dass in einem Buch über ihn die Leser auch darüber etwas erfahren möchten. Eines ist sicher: Tergat hat von Anfang an sein Geld sehr klug angelegt, wohlwissend, dass die Karriere von einem Tag auf den anderen zu Ende sein könnte. Vor allem nach der Verletzung 1992 war ihm klar, dass es für einen Athleten keine Garantie gibt. Er hat auch die Situation von Mike Tyson vor Augen, dem Amerikaner, der als Boxer Millionen von Dollars verdient hat, aber fast alles verlor. Paul Tergat investierte sein Geld in diverse Geschäfte und Banken.

Der Innenhof des Sportsline Hotels in Kabarnet zur Zeit der Errichtung

Tergat kaufte und baute verschiedene Häuser in Ngong und Nairobi, ein Hotel in seinem Heimatdistrikt Kabarnet, er ist der Besitzer und Herausgeber von „The Athlete", dem einzigen Leichtathletikmagazin in Ostafrika. Er hat verschiedene Beteiligungen, die meisten in Kenia, aber auch in Italien, dem Land, in dem er sich vor allem in der Zeit als Bahnläufer sehr oft aufhielt. Einer seiner Brüder kümmert sich um die Farm in Turbo, und für die anderen Tätigkeiten hat er ein Büro in Nairobi mit 10 Angestellten. Er schätzt, dass alles in allem gut 100 Leute für ihn arbeiten. Das allein zeigt, wie groß sein Imperium ist. Aber wenn es um die Börse geht, hält er die Fäden lieber selbst in der Hand.

Der Stabsfeldwebel

Nach 1992 wurde Paul Tergat von den täglichen Pflichten in seiner Luftwaffeneinheit befreit, er musste nur noch von Zeit zu Zeit hingehen und an nationalen Meisterschaften für die Luftwaffe teilnehmen. Heute hat er spezielle Aufgaben in Sachen Sport. Er hat den Range eines Stabsfeldwebels 2 inne.

Ein paar Tage nach seinem Weltrekord in Berlin war Tergat auf dem Weg zum Moi-Luftwaffenstützpunkt. Eine Momentaufnahme: Die würgenden Abgase der rasenden Matatus (Minibusse, die als öffentliche Verkehrsmittel dienen) machen das Fahren schnell zu einem nervensägenden Ärgernis. Und gefährlich. Man spürt das Elend entlang dieser Straße in der Nachbarschaft der Mathareslums. Ein Mann in einem grünen Mercedes ist eingeklemmt zwischen zwei lärmenden Matatus. Aber er bleibt gelassen, während er interessiert das Leben um

Stabsfeldwebel Tergat (mit dem silbernen Stern der Republik Kenia) zusammen mit seinem Läuferkollegen Paul Koech und einem Freund

ihn herum beobachtet. Diese Szenen erinnern ihn immer an seine eigenen Wurzeln – Armut. Er hat diesen Weg schon x-mal benutzt. Langsam fährt er die Straße runter bis zur Abzweigung, die zum Moi-Luftwaffenstützpunkt führt. Dort wird das Tor hastig geöffnet. Obwohl in ziviler Kleidung – ein schwarzer Designeranzug mit blauem Hemd und abgestimmter Krawatte – Stabsfeldwebel Tergat meldet sich zum Dienst. Aber heute ist er nur gekommen, um seine Vorgesetzten zu informieren, was seit seinem letzten Besuch vor einem Monat alles passiert ist. Er wird ihnen vor allem von den Tagen in Berlin erzählen.

Der Philanthrop

Die meiste Zeit als Erwachsener hat Paul Tergat viel Verantwortung übernommen, nicht nur für seine Großfamilie. Er hat seine Heimat in Riwo großzügig unterstützt und zahlreiche Projekte initiiert. Er half, eine Krankenversorgung auf die Beine zu stellen und brachte sauberes Wasser und Elektrizität ins Zentrum. Er hat Kindern geholfen, die Schule zu besuchen und damit sich selbst zu unterstützen. Er hat Schülern, die sich durch besondere Leistungen auszeichneten, in Großbritannien und den Vereinigten Staaten Stipendien vermittelt.

Paul Tergat (Nr. 5302) mit weiteren bekannten Athleten beim Lauf für eine minenfreie Welt, der im November 2004 in Nairobi stattfand

World Food Programme

Und er ist dabei, eine Stiftung zu gründen, die jungen Menschen helfen soll, eine gute Ausbildung zu bekommen. Tergat ist überzeugt, dass nur wenige von denen, die nicht zur Schule gehen, eine echte Lernschwäche haben, viele aufgeweckte Kinder aber aus finanziellen Gründen nicht die Möglichkeit haben, eine Schule zu besuchen. Die Stiftung soll auch Bücher und Schreibmaterial für jene kaufen, die es sich nicht leisten können, und außerdem Austauschprogramme organisieren. Ein anderes Ziel sind Gesundheitszentren auf dem Land, wo auch zu Beginn des 21. Jahrhunderts immer noch viele Menschen sterben, nur weil keine medizinische Versorgung vorhanden ist.

Am 27. Mai 2003 erhielt Paul Tergat vom Bloomfield College in den USA ein Ehrenbakkalaureat (Bachelor of Arts) in Sport und allgemeiner Fürsorge für seine verschiedenen Wohltätigkeits- und philanthropischen Aktivitäten. „Paul Tergat bewies nicht nur in Wettkämpfen überall auf der Welt, dass er ein überragender Athlet ist, er ist bereits mit 34 Jahren ein Philanthrop, ein exemplarischer Weltbürger“, sagte Professor Sandy Van Dyk in der Laudatio, sie, die ihn für den akademischen Grad nominiert hatte. Ebenfalls in den USA proklamierte die Baptistkirche von Eaglewood in New Jersey den 1. November 2003 in Anerkennung seiner Leistungen im Sport, seines Mutes und seiner Menschlichkeit zum „Paul-Tergat-Tag“.

Tergat mit Mitgliedern der „Community Baptist Church“ in Eaglewood

Der UN-Botschafter für die Welthungerhilfe

Ende 2003 wurde Paul Tergat zum UN-Goodwill-Botschafter für das Welternährungsprogramm ernannt. Als Paul in der armen Gegend des Baringodistrikts aufwuchs, hat er eine Zeitlang selbst von den Gratismittagessen der Vereinten Nationen profitiert. In Kenia ist das Schulernährungsprogramm, das auch von der Regierung unterstützt wird, eines der ausgedehntesten und ältesten Programme; es reicht bis in die 80er Jahre zurück. Mehr als eine Million Kinder haben seither davon profitiert.

Ein großer Moment: Ernennung zum „UN-Goodwill-Botschafter" gegen Hunger, mit dem Direktor des Welternährungsprogramms, James Morris

P.T.: *„Ich fühle mich geehrt, ein Teil dieses Programms zu sein. Es gibt so viel Hunger auf dieser Welt und viele Kinder verlassen aus diesem Grund die Schule. Es macht mich traurig, dass im 21. Jahrhundert die Unterernährung immer noch ein derart gewaltiges Problem darstellt. Ich fühle mich verpflichtet, etwas zurückzugeben. Meine Hauptaufgabe* *besteht darin, Verständnis zu wecken und Geldmittel für das Schulernährungsprogramm aufzubringen, damit seine Fortführung für eine möglichst lange Zeit gesichert ist. Ich denke, meine Kontakte und mein Image rund um die Welt sollten wesentlich dazu beitragen können, dass das Programm diese Unterstützung bekommt. Ich bin fest davon überzeugt: Ohne Bildung gibt es in keinem Land Fortschritt. Analphabetentum müsste ganz verschwinden. Die Zukunft dieser Welt liegt in diesen Kindern, die wir in der Schule zu halten versuchen."*

In seiner Rolle als Botschafter für das Welternährungsprogramm reist Paul Tergat nicht nur innerhalb von Kenia, sondern auch in andere afrikanische Länder, eingeschlossen Sudan und Somalia.

Der Leichtathletikpromoter

2003 begannen Paul Tergat und seine Leute damit, im ganzen Land Läufe für Nachwuchsathleten zu organisieren. Aber sein Anspruch unterscheidet sich von dem der meisten anderen Veranstalter, die nur ein Ziel haben: Talente zu entdecken und diese für die Managementorganisationen unter Vertrag zu nehmen. Tergat suchte eine nationale Firma, die etwas an die Gemeinschaft zurückgeben wollte und die Idee als Sponsor unterstützt. Er fand diesen Partner in Tarda, einer auf nationaler Ebene operierenden Firma, die Nahrungsmittel produziert und vertreibt. Tergat sagt, es sei nicht primäres Ziel, talentierte Athleten zu finden und diese dann ins Ausland zu schicken. Manager sollen nicht unbedingt von diesem Projekt profitieren. Das wichtigste Anliegen ist es, ein Laufbewusstsein an die verschiedenen Orte zu tragen. Viele Rennen werden deshalb im östlichen Teil des Landes organisiert, einer armen, sehr trockenen Gegend. Von dort kamen bis jetzt nur sehr wenige Athleten wie Cosmas Ndeti und Patrick Ivuti. Laut Tergat ist die Beteiligung jeweils riesig.

P.T.

P.T.: *„Ich bin glücklich, dass bereits eine Reihe guter Athleten aus unserem Projekt hervorging. Die Hauptidee ist folgende: Jeder Athlet, der mit guten Leistungen aufwartet und bereits die Schule abgeschlossen hat, bekommt von der Sponsorfirma eine Anstellung. Tarda gibt diesen jungen Leute die Möglichkeit, den Lebensunterhalt zu verdienen, sodass sie in ihrer Sportkarriere Fortschritte machen können. Und für jene, die noch zur Schule gehen, übernimmt die Firma das Schulgeld."*

Das Mitglied der IAAF-Athletenkommission

Seit 2003 ist Paul Tergat auch Mitglied der IAAF-Athletenkommission. Er ist stolz auf diese Rolle, vor allem auch, weil die Wahl bei den Weltmeisterschaften in Paris durchgeführt

Zusammen mit David Okeyo, dem Generalsekretär des kenianischen Leichtathletikverbands

wurde, wo er nicht einmal präsent war. Wie alle anderen ist er für eine Amtsperiode von vier Jahren gewählt. Er hat vor, an den Meetings nicht nur teilzunehmen, sondern auch seine Ideen und Meinungen einzubringen wie auch die Sorgen anderer aktiver Athleten überall auf der Welt. In diesem Zusammenhang bezeichnet Tergat die IAAF-Weltranglisten, eingeführt 2001, als sehr seltsam, weil ein Marathonläufer, der ja nur zwei Rennen im Jahr machen kann, praktisch davon ausgeschlossen ist. (2004 begann die IAAF mit einer Rangliste für Straßenläufer, die in drei Wettbewerben punkten müssen; für die Bahnathleten sind es sechs.)

P.T.: *„Wenn es zur Auszeichnung 'Athlet des Jahres' kommt, hat ein Marathonläufer keine Chance zu gewinnen, weil er nur zwei Rennen hat, die zählen. Während langer Zeit waren die Straßenläufer nur Athleten zweiter Klasse. Jetzt werden die Rekorde wenigstens offiziell als Weltrekorde anerkannt und nicht nur als Weltbestleistungen."*

Selbst das Weiße Haus erkennt Tergats Verdienste an

Paul Tergat mit Tegla Loroupe bei einer IAAF Gala

Auch umgeben von Schönheitsköniginnen macht Tergat eine gute Figur

Paul Tergats Zukunftspläne

Auch nach seinem Rücktritt vom Leistungssport wird sich Paul Tergat nie zurücklehnen und das „Dolce far niente" genießen, obwohl er in Aussicht stellt, er werde das Leben dann etwas ruhiger nehmen nach all den Jahren härtester Arbeit. Er ist der Typ Mensch, der immer irgendwie beschäftigt sein muss. Er freut sich auf die Zeit, wenn er sich mehr selbst um seine Geschäfte kümmern kann und Zeit für neue Projekte haben wird. „Es gibt ein paar Dinge, die ich nach meinem Rücktritt machen will", sagt er geheimnisvoll. Eines ist sicher: Paul Tergat wird immer mit der Leichtathletik verbunden bleiben. Er möchte eine aktivere Rolle in der nationalen Szene spielen, wobei er im gleichen Atemzug betont, dass es im Verband Athletics Kenya nur einen Job gibt, der ihn interessiert: der des Präsidenten, eine Position, die Isaiah Kiplagat noch bis 2008 einnimmt. Dies ist die beruhigende, gute Nachricht: Paul Tergat, dieser großartige Athlet und Philanthrop, wird für die Öffentlichkeit und den Sport, den er so sehr liebt, nicht verloren gehen. Und er wird als Jogger weiterlaufen. „Eine Art Religion", nennt er es. „Ich brauche das Laufen. Es ist in meinem Blut. Ich wurde geboren, um zu laufen."

KAPITEL 10

Tipps und Fakten

Fühlen Sie Ihren Körper

Kenianische Athleten haben den großen Vorteil gegenüber einem „Muzungu", – so nennen sie den Weißen – sie kennen und spüren ihren Körper viel besser. Dieses Empfinden ist in ihnen und es hat wohl damit zu tun, dass sie in einer viel natürlicheren Umgebung aufwachsen und leben. Wenn man viel und bei allen Wetterverhältnissen zu Fuß unterwegs ist und wenn man in Hütten lebt, wo Wind und manchmal auch Regen eindringt, wird man nicht nur härter, man lernt auch seinen Körper besser kennen und bekommt ein Gefühl für ihn.

P.T.: *„Ich merke, wenn mein Körper okay ist. Auf der anderen Seite: Wenn ich mich einmal nicht gut fühle, forciere ich nicht und mache kein hartes Training – auch wenn es mein Coach vorgesehen hat. Man muss ein bisschen flexibel sein und sollte nie etwas unbedingt durchführen. Das Einzige, was zählt: Am Ende einer Trainingsperiode müssen alle verlangten Einheiten absolviert sein. Ich persönlich bin nie mit einem Pulsmessgerät gelaufen, weil ich das nicht brauche. Aber auch ich mit meinem guten Körpergefühl und meiner Erfahrung kann nicht sagen, ob ich den Kilometer jetzt in 2:40 oder 2:45 min gelaufen bin. Deshalb kontrolliere ich die Geschwindigkeit in den Trainingseinheiten, wo es zählt, mit einer Stoppuhr auf einer ausgemessenen Strecke. Auch wenn Sie dieses Feeling für den Körper nicht haben, sollten Sie nie ein Sklave Ihres Pulsmessgeräts werden. Wenn Sie kein Problem mit Ihrer Gesundheit haben, das heißt, Sie dürfen vielleicht eine bestimmte Herzfrequenz nicht überschreiten, lassen Sie Ihren Pulsmesser öfter mal zu Hause und versuchen Sie, beim Laufen in sich hineinzuhorchen. Sie werden sehen: Es bereitet Ihnen mehr Freude, wenn Sie in Harmonie mit der Natur unterwegs sind."*

Frauen bei der Zubereitung von Ugali, der kenianischen Nationalspeise

Was Kenianer trinken und essen

Die meisten kenianischen Athleten stammen aus ärmlichen Verhältnissen. Das heißt auch: Während der ersten 18 oder 20 Jahre ihres Lebens essen sie sehr einfach, aber gesund. Das Menü wechselt erst, wenn sie in den nationalen Trainingslagern sind, wo Fleisch sogar 2 x am Tag auf den Tisch kommt, und wenn sie dann in Europa oder Amerika Pommes frites und Hamburger kennen und oft lieben lernen.

Die Basisernährung in Kenia:

Ugali: Ein dicker Brei aus gekochtem (weißem) Maismehl und Wasser. Kommt mindestens 1 x am Tag auf den Tisch.

Sukuma Wiki: Ein dunkelgrünes Gemüse, ähnlich wie Spinat. Wird oft zusammen mit Ugali gegessen.

Uji: Hafer- oder Maisporridge.

Maziwa und Maziwa lala: Gewöhnliche und gegorene Milch.

Viasi: Kartoffeln, oft auch süße.

Chapati: Wie eine Omelette, aber nur mit Mehl und Wasser.

Maharagwe: Bohnen.

Githeri: Mais, gemischt und gekocht mit Bohnen.

Muthokoi: Ähnlich wie Githeri, aber zusätzlich mit Kartoffeln und oft auch Kürbisblättern.

Matunda: Früchte, vor allem grüne Orangen, Bananen, Mangos und Papayas.

Chai: „Nationalgetränk“ Tee. Die getrockneten Teeblätter werden zusammen mit halb Wasser und halb Milch (50:50) sowie mit Zucker gekocht.

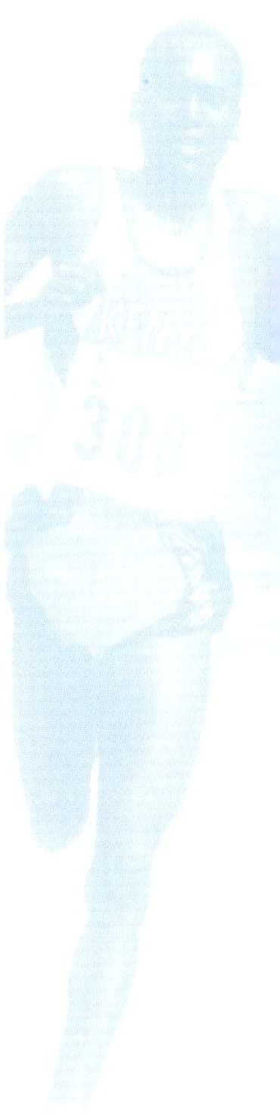

Kohlenhydrate (Ugali, Chapati), Eisen und andere Mineralien (Sukama Wiki und andere Gemüse), Eiweiß (Maziwa, Maziwa lala und Maharagwe) und Vitamine (Matunda) sind in diesen Nahrungsmitteln vorhanden. Der Fettanteil ist sehr gering. Wenn Milch gekocht wird, wird meist das Fett von der Oberfläche entfernt und später zum Kochen verwendet. Fleisch spielt in der traditionellen kenianischen Küche keine Rolle. Es wird nur 1 x alle 1-2 Wochen gegessen und oft nur, wenn Besucher da sind. Zucker gibt es nur im Tee.

Ein Weltklasseathlet wie Paul Tergat isst die meisten dieser traditionellen Nahrungsmittel, dazu sind aber auch Teigwaren, Reis und Fleisch regelmäßig auf seinem Teller. Und als Getränke: Fruchtsäfte, Wasser und ab und zu eine Limonade.

Gründe für die kenianische Überlegenheit

Tatsächlich war die Leistungsausbeute der Kenianer bei den Olympischen Spielen in Athen enttäuschend mit nur einer einzigen Goldmedaille über 3000 m Hindernis (und auch die wahrscheinlich nur, weil Said Saaeef Said, der frühere Stephen Cherono, nicht für sein neues Land Katar laufen durfte). Trotzdem ist Kenia immer noch bei weitem das dominierende Land auf den Langstrecken, wenn man die internationalen Bestenlisten vergleicht: Im Jahre 2004 kamen 37 von 100 Athleten auf den 5.000 m aus Kenia, 40 waren es auf den 10.000 m, sogar 72 im Halbmarathon und 47 im Marathon.

Viele Artikel sind schon geschrieben, viele Untersuchungen gemacht worden. Und dennoch gibt es nicht bloß eine Antwort auf die Frage nach den Gründen für die kenianische Überlegenheit. „Wenn du arm bist, bleibst du arm, außer du läufst", sagt der frühere Hindernislauf-Weltrekordhalter und dreifache Weltmeister Moses Kiptanui. Und er fügt an, dass mehr als 90 % der Kenianer, die internationale Resultate erzielen, arm geboren wurden. In anderen Worten: Die Motivation ist ein Schlüsselfaktor. Ein anderer ist das Talent.

In der Vergangenheit kamen nur wenige Läufer von den ethnischen Gruppen der Turkanas (Paul Ereng, Olympiasieger über 800 m 1988) oder Kikuyus (Julius Kariuki, Olympiasieger über 3.000 m Hindernis 1988). Die meisten erfolgreichen Läufer sind Kalenjins (Nandi, Kipsigis, Keyio, Marakwet, Tugen, West Pokot).

Die gesunde Ernährung spielt ebenfalls eine Rolle. Und dann die Höhenlage und die Tatsache, dass die meisten Kinder barfuß unterwegs sind. Aber neben all diesen Aspekten gibt es einen Hauptgrund: Kenianer trainieren sehr, sehr hart. Zwischen 1992 und 1998 lief Paul Tergat jeden Tag, ausgenommen am Sonntag, 3 x. Und er war damit keine Ausnahme.

Im Laufe der Jahre reisten unzählige Gelehrte nach Kenia, um dem Geheimnis auf die Spur zu kommen. Eine Gruppe dänischer Wissenschaftler kam unlängst zu interessanten Ergebnissen: Die Masse des Unterschenkels bzw. der Wadenumfang von kenianischen Jugendlichen ist um 12 % geringer als bei gleichaltrigen Dänen. Gemäß der Studie ist das eine Erklärung dafür, warum die Laufökonomie bei Kenianern angeblich um 10 % besser ist. Die Kenianer hatten im Durchschnitt auch 5 % längere Beine. Henrik Larsen vom Kopenhagener Muskel-Forschungs-Zentrum, einer der involvierten Wissenschaftler, kommt zum Schluss: „Die geringe Körpermasse und die dünneren Beine der Kalenjins sind möglicherweise ein Resultat des nomadischen Lebens im kenianischen Hochland, das diese Menschen über viele Generationen gewohnt waren. Sich mit einem geringen Energieaufwand über weite Distanzen fortbewegen zu können, war entscheidend für das Überleben."

Tergat über Doping, Nahrungsmittelzusätze und Leistungstests

Paul Tergat hat keine Ahnung, wie oft er während seiner Karriere schon auf verbotene Substanzen getestet worden ist, vor und nach internationalen Rennen und auch bei Trainingskontrollen. Manchmal stehen die Kontrolleure bereits um 6 Uhr in der Früh vor seiner Tür. Aber das stört ihn nicht. Er ist überzeugt, dass diese Dopingkontrollen wichtig sind, um den Sport so sauber wie möglich zu halten. Deshalb war er auch ein vehementer Befürworter der Bluttests, als diese bei den großen Städtemarathons eingeführt wurden.

P.T.: *„Wer an einem Wettkampf teilnimmt, verdient die gleiche Chance wie sein Gegner. Fairness ist das Wichtigste im Sport und das beeinhaltet auch, mit gleich langen Speeren zu kämpfen. Wenn man die Zahl der Dopingsünder im Laufsport sieht, gibt es eigentlich nur wenige Betrüger. Ich bin indes der Meinung, dass jeder, der erwischt wird, lebenslang gesperrt werden sollte. Zwei Jahre sind nicht genug. Ich würde*

es begrüßen, wenn die IAAF in Zukunft nicht nur die Namen der Dopingsünder veröffentlicht, sondern auch von jenen, die getestet wurden und sauber sind. Was Nahrungsmittelzusätze betrifft: Ich habe nie in meinem Leben so etwas genommen, nicht einmal Vitamine. Aber ich bin kein Arzt. Mag sein, dass das Essen in Europa und den USA nicht so ausgeglichen und die Lebensmittel nicht so frisch sind wie in Kenia und Athleten in jenen Ländern deshalb auf diese Zusätze angewiesen sind. Ich gehe gewöhnlich 1 x im Jahr zu einer gründlichen Untersuchung, um herauszufinden, ob eine wichtige Substanz in meinem Körper fehlt oder unter dem erforderlichen Wert ist. Aber bis jetzt hatte ich noch nie ein Problem. Es scheint, dass wir in diesem Teil der Welt Glück haben mit den Nahrungsmitteln, die wir zu uns nehmen.

Viele Leute glauben an die Wissenschaft. Ich weiß, Laktattests sind sogar unter Joggern sehr beliebt. Ich habe es nur ein einziges Mal getan, aber ich mochte es überhaupt nicht, dass mir Blut vom Ohr genommen wurde. Ich glaube, diese Dinge sind mehr für Leute, die nicht an sich selbst glauben, Leute, die eine Maschine brauchen, um etwas über ihren Körper zu erfahren."

Planung ist das A und O

P.T.: „Es ist für jeden Läufer enorm wichtig, eine langfristige Planung zu haben. Sie müssen etwa ein halbes Jahr im Voraus wissen, wann Sie Ihren ersten Halbmarathon oder Marathon laufen. Es ist einfacher, einem bestimmten Trainingsprogramm zu folgen, wenn Sie genau wissen, wofür Sie eigentlich trainieren.
Ich bin ein sehr beschäftigter Mensch mit all meinen

Tätigkeiten und ich könnte mein Training nie durchziehen, wenn ich es nicht möglichst exakt vorausplanen würde. Das heißt, all meine anderen Verpflichtungen, die Geschäftsbesprechungen und -aktivitäten wie auch die Termine für meine humanitären Einsätze, versuche ich, in die Monate zu legen, wenn ich nur ein leichtes Training habe. Als Beispiel: In den vier Wochen nach den Olympischen Spielen von Athen trainierte ich überhaupt nicht, dafür wendete ich jetzt sehr viel Zeit für meine Familie und die Geschäfte auf.

Sie haben Ihren Beruf, Ihre Familie und Ihr Training.

Das heißt: Sie müssen das Training in Ihr Tagesprogramm fest einplanen. Und wenn wir von Training reden, möchte ich allen, die an Wettkämpfen teilnehmen wollen, den Ratschlag geben: Verwenden Sie ein gutes Programm und halten Sie sich daran. Das beste Programm ist nutzlos, wenn es in der Schublade vor sich hindöst. Ich weiß, es gibt Tage, an denen wir lieber zu Hause bleiben würden. Vielleicht regnet es in Strömen oder wir sind müde nach einem anstrengenden Arbeitstag. Sie können zwar einzelne Trainingseinheiten austauschen, aber am Schluss einer Trainingsphase müssen Sie das ganze Programm absolviert haben. Sicher kennen Sie das: Sie überwinden sich – und nach einem 40-minütigen

Dauerlauf fühlen Sie sich viel besser und zufriedener. Und die schlechte Laune ist verschwunden. Laufen entspannt Körper und Geist! Wenn Sie die Möglichkeit haben, zusammen mit anderen zu trainieren, tun Sie es! Es wird Ihnen helfen. Das Führen eines Trainingstagebuchs kann Sie ebenfalls dabei unterstützen, konsequent zu bleiben.

Ich bin überzeugt, dass auch für jene, die den Marathon unter vier Stunden laufen wollen, die mentale Vorbereitung sehr wichtig ist. Marathon ist für jeden und jede eine Herausforderung. Ungeachtet, was für ein Charakter Sie sind: Im Marathon brauchen Sie Geduld. Gleichzeitig müssen Sie vorbereitet sein auf das, was unterwegs kommen mag, speziell die körperlichen Strapazen. Wenn Sie an der Startlinie stehen, müssen Sie körperlich und mental bereit sein und sich ganz auf die kommenden 42,195 km konzentrieren."

Tergats Ratschläge für junge Läufer

P.T.: *„Vergleiche dich nie mit den Topläufern. Betrachte ihre Leistungen als ein mögliches Ziel für die Zukunft. Du musst die Treppe Stufe um Stufe hochsteigen. Es dauert Jahre, bis das Leistungsoptimum erreicht ist. Du musst dich ehrlich fragen, was du in deiner Karriere wohl erreichen kannst. Die Ziele müssen realistisch sein. Nicht jeder hat die Voraussetzungen, um Weltmeister zu werden. Vielleicht kannst du eine bestimmte Barriere durchbrechen oder regionaler Meister werden. Es würde dich enorm frustrieren, wenn deine Ziele zu hoch waren und du sie nicht erreichst. Viele Athleten kehren dem Sport aus diesem Grund den Rücken. In Kenia habe ich viele junge Athleten erlebt, die sagen, sie wollen wie Moses Kiptanui oder Daniel Komen* *werden. Sie versuchen es ein oder vielleicht zwei Jahre. Im dritten Jahr beginnen sie zu trinken, weil ihre Welt zusammengebrochen ist und sie keinen Sinn mehr sehen.*

Ein junger Athlet braucht für jedes Jahr ein neues Ziel. Falls es realistisch war und dennoch nicht erreicht wurde, muss alles frisch überdacht werden. Zusammen mit dem Trainer muss die Situation analysiert werden. Vielleicht war das Training nicht gut, vielleicht lief unser junger Athlet zu viele Rennen, vielleicht hatte er eine Verletzung oder ein gesundheitliches Problem."

Tipps für Senioren und Hobbyjogger

Der portugiesische Läufer Carlos Lopes, geboren am 18. Februar 1947, erzielte seine besten Leistungen, als er über 37 war: Er gewann den olympischen Marathon 1984 in Los Angeles, und im folgenden Jahr mit 38 Jahren und 34 Tagen wurde er zum zweiten Mal hintereinander Crossweltmeister. Er krönte seine Karriere am 20. April 1985 mit dem Marathonweltrekord. Lopes war 38 Jahre und 61 Tage alt, als er in Rotterdam 2:07:12 h lief und damit Steve Jones' 2:08:05 h aus dem Vorjahr in Chicago verbesserte.

Carlos Lopes war ohne Zweifel eine Ausnahme. Die Regel ist anders: Nach 35 haben die meisten guten Läufer einen Leistungsrückgang von etwa 1,5 Sekunden pro Kilometer und Jahr.

P.T.: *„Falls Sie spät mit Laufen angefangen haben, gibt es eine gute Nachricht für Sie: Egal, wie alt Sie sind, es dauert etwa fünf Jahre, bis Sie Ihre beste Leistung erreichen werden. Die größten Fortschritte machen Sie in den ersten Jahren. Wenn Sie richtig trainieren, können Sie als „Spätberufener", bis Sie Ende 40 sind, schneller werden.*

Vor allem in Europa und in den USA gibt es sehr viele gute Seniorenläufer. Viele nehmen sogar an Seniorenweltmeisterschaften teil. Andere beginnen mit 40 oder älter und schaffen es nach wenigen Jahren, einen Marathon zu beenden. Ich bewundere beide Kategorien von Läufern. Sie beeindrucken mich sehr. In Kenia denken die meisten Leute, Laufen sei nur etwas für Junge, die damit Geld verdienen. Sie können sich nicht vorstellen, dass Laufen auch ein sehr gutes Mittel ist, um fit zu bleiben. Einen dicken Bauch zu haben und einen Mercedes zu fahren, ist in meinem Land immer noch ein Statussymbol. Aber die Einstellung wird sich ändern, langsam, aber sicher. Erst vor kurzem habe ich mit William Tanui und Martin Keino, dem Sohn des legendären Kpchoge Keino, den Nairobi Runners Club gegründet. Unsere Absicht ist es, eine „Joggerkultur" zu schaffen und einen Treffpunkt für gemeinsames Fitnesslaufen in der Stadt. Wir möchten, dass die Leute kommen und professionelle Tipps bekommen für ein gesünderes Leben. Also, wenn Sie in Nairobi sind, heißen wir Sie herzlich willkommen jeden Samstag um 9 Uhr bei der Pferderennbahn Ngong!"

World Food
Programme

KAPITEL 11

Tribut an einen Champ und Gentleman

Haile Gebrselassie (ETH)

Tergats langjähriger Rivale auf der Bahn, zweifacher Olympiasieger und viermaliger Weltmeister über 10.000 m:

„Als Paul den Marathonweltrekord brach, hat mich ein Kollege angerufen: ‚Hast du schon gehört?' – ‚Was', fragte ich ihn. Ich wusste nicht, wovon er sprach. Dann sagte er mir, Paul Tergat habe den Weltrekord gebrochen und sei in Berlin 2:04:55 h gelaufen. Ich habe mich so gefreut, weil es Tergat war. Ich war so froh für ihn. Wir haben in der Vergangenheit so viele Duelle ausgetragen. Und besonders bei den Olympischen Spielen in Sydney, als nach 10.000 m nur neun Hundertstelsekunden zwischen ihm und mir waren, fühlte ich wirklich mit ihn. Da hätten wir beide eine Goldmedaille verdient. Er ist ein wunderbarer Athlet und ein wunderbarer Mensch. Ich respektiere ihn sehr für alles, was er im Crosslauf, auf der Bahn und auf der Straße erreicht hat. Er ist ein echter Freund."

Gabriele Rosa (ITA)

Er ist Tergats Coach seit 1992 und der „Mann hinter all den Erfolgen“:

„Zu Beginn 1992 wurde ein Traum wahr, als ich einen Athleten in einer unglaublichen technischen Perfektion auf kenianischem Boden laufen sah. Unsere Zusammenarbeit hatte eine gewaltige Bedeutung für mich als Trainer und als Mann. Dank seiner Ernsthaftigkeit und Verfügbarkeit konnte ich in den 13 Jahren mit mehr und mehr innovativen Trainingsformen experimentieren. Meiner Meinung nach ist Paul Tergat der kompletteste Athlet, den es je gab, wenn wir Crosslauf, Straße und Bahn auf die gleiche Stufe stellen. Wenn ein Traum für den Coach in Erfüllung ging, als er Paul traf, so ging ein Traum für den Mann in Erfüllung, als er diesen Menschen kennen lernte. Paul ist ein moderner, charismatischer Mensch mit internationaler Blickrichtung und ein hervorragender Kommunikator. Er ist ein großzügiger Mensch, greifbar für alle. Ich glaube, dies sind die Qualitäten, die ihm am Ende seiner Leichtathletikkarriere zuerst in der Welt des Sports und dann auch in der politischen Welt Kenias einen Platz sichern werden. Der große Respekt, den wir füreinander haben, ist die Basis für unsere Freundschaft, welche, und da bin ich mir sicher, auf ewig bestehen wird.“

Kipchoge Keino (KEN)

Der „Vater der kenianischen Lauftradition“, zweifacher Olympiasieger 1968 und 1972; heute der Präsident des Nationalen Olympischen Komitees von Kenia:

„Paul Tergat ist ein Athlet, den wir bewundern und verehren für das, was er für sich und sein Land erreicht hat. Ich hoffe, die Jugend wird seinem Training, seiner mentalen Bereit-

schaft und seiner Lebensweise folgen, denn er ist der disziplinierteste und engagierteste Athlet, den Kenia je hervorgebracht hat. Er ist eine Person, die unsere Bewunderung verdient, wenn wir an seine Herkunft denken, und auch an die Art, wie er mit den Dingen umgeht. Das ist eine Person, von der wir noch mehr lernen müssen.

Wir sind dankbar für all seine Leistungen und Errungenschaften. Er hat seinen Kopf nie hoch getragen. Er ist immer bescheiden geblieben und bereit, mit jedem zu reden, egal, wo dieser herkommt. Wir wünschen ihm das Allerbeste für die Zukunft und hoffen, dass er eines Tages als Führungsperson in die Leichtathletik zurückkommen wird, sodass andere von seinem Wissen, seiner Erfahrung und seiner Menschlichkeit profitieren können."

Mike Kosgei (KEN)

Kenias Nationalcoach in fast all den Jahren, als Tergat seine fünf Weltmeistertitel im Crosslauf gewann:

„Für mich ist Paul Tergat der größte Athlet. Was er auf der Bahn, auf der Straße und im Crosslauf erreicht hat, ist außerordentlich. Er war immer ein Athlet, der bereit war, zuzuhören und zu lernen. Er hat die Trainingseinheiten kaum einmal in Frage gestellt. Er war jede Minute bereit dazu. Er ist ein großes Vorbild für die neue Generation, auch, weil er ein sehr guter Mensch ist. Er ist ein Diplomat, ein Gentleman, kein Mann von Polemiken. Er zieht es vor, wenn die Probleme auf den Tisch kommen. So ist er. Tergat hatte immer alles, was ein Athlet an der Spitze braucht."

Yobes Ondieki (KEN)

Der erste Mensch, der die 10.000 m unter 27 Minuten lief (1993 in Oslo), 5.000-m-Weltmeister 1991:

„Als Athlet hat er für den Sport und das Land enorm viel getan. Er ist der gefeierteste Crossläufer der Welt. Ich danke Gott, dass er der erste Kenianer war, der den Marathonweltrekord brach und ihn unter 2:05 h brachte. Ich denke, das allein spricht Bände. Noch vor wenigen Jahren hielt man es nicht für möglich, dass je ein Mensch die 42,195 km unter 2:05 h laufen kann. Ich wünschte mir, er hätte in Athen die Olympiagoldmedaille gewonnen und damit seine einzigartige Karriere beenden können. Als Person ist er sehr aufrichtig, er hat ein sehr gutes, großes Herz. Er macht viel für arme Menschen, für den Kampf gegen die Landminen usw. Er ist ein sehr humanitär denkender Mensch. Weil ihn die Weltgemeinschaft zum Botschafter für die Welthungerhilfe machte, sollte er sich auf diesem Gebiet vorbehaltlos einsetzen."

Ibrahim Hussein (KEN)

Kenias einziger Marathonweltklasseläufer neben Douglas Wakiihuri in den 80er Jahren gewann die Marathonläufe in Honolulu (1985 und 1986), New York (1987) und Boston (1988); heute stellvertretender Generalsekretär von Athletics Kenya:

„Schon bevor er auf den Marathon umgestiegen war, sagte ich ihm, wenn es jemand gibt, der fähig ist, den Weltrekord unter 2:05 h zu bringen, dann ist er es. Als ich in den 80ern lief, gab es noch keine Tempomacher. Aber ich schaffte trotzdem eine Zeit von 2:08:43 h. Ich wusste, mit Tempomachern und einem Athleten vom Format eines Tergat musste es möglich sein, unter 2:05 h zu gehen. Er hat beinahe alles er-

reicht. Ich erwartete von ihm auch sehr viel in Athen. Leider hat es dort nicht geklappt. Aber Paul nahm sein Schicksal als echter Sportsmann. Ich kenne ihn auch als sehr seriösen Geschäftsmann und Familienvater.

Er ist sehr engagiert. Er macht seine Aussagen nie leichtfertig. Ich weiß, für Paul Tergat gibt es viele Dinge, die er in der Leichtathletik verändern möchte. Wenn er mit einem Projekt kommt, ist es immer sehr durchdacht. Ich bin sicher, dass er eines Tages eine führende Rolle im Leichtathletikverband spielen wird.“

Brother Colm O’Connell (IRL)

Er lebt seit den späten 70er Jahren in Kenia und hat an der St. Patrick’s High School viele junge Athleten betreut, unter ihnen Peter Rono, Wilson Kipketer, Japhet Kimutai und die Chirchir-Brüder William und Cornelius:

„Paul Tergat ist jemand, der es in seinem Leben geschafft hat, sehr nahe an das perfekte Gleichgewicht zwischen seiner Rolle als Athlet und seinen Verpflichtungen gegenüber der Familie zu gelangen. Er versteht es, alle Aspekte des Lebens in Harmonie zu halten. Er ist ein Musterbild. Paul ist jemand, der in Kenia leicht erkannt wird, jemand, zu dem junge Leute emporschauen.

Ich denke, er bewegt sich in der Öffentlichkeit mit großer Stilsicherheit und Natürlichkeit sowohl in der High Society wie im gewöhnlichen Volk. Egal, ob er mit höchsten Würdenträgern zu tun hat, mit Leuten in seinem Dorf oder Nachwuchsathleten, die danach streben, ein Paul Tergat zu werden. All dies und seine Erfolge haben ihn zu dem gemacht, was er ist.“

Anhang 1

TERGATS PALMARES

Olympische Spiele:	1996 Atlanta: 2. 10.000 m, 2000 Sydney: 2. 10.000 m, 2004 Athens: 10. Marathon
Weltmeisterschaften:	1995 Göteborg: 3. 10.000 m, 1997 Athen: 2. 10.000 m, 1999 Sevilla: 2. 10.000 m
Cross-Weltmeisterschaften:	1993 Amorebieta: 10., 1994 Budapest: 4., 1995 Durham, 1996 Stellenbosch, 1997 Turin, 1998 Marrakech und 1999 Belfast: 1., 2000 Vilamoura: 3. Gewann eine Rekordzahl von 13 Goldmedaillen: 5 im Einzel und 8 mit der Mannschaft
Halbmarathon-WM:	1992 Newcastle: 5., 1994 Oslo: 11., 1999 Palermo und 2000 Veracruz: 1.
Weltrekorde:	10. 000 m: 26:27,85 min, Brüssel 1997; 15 km Straße: 42:13 min, St. Denis 1994; 20 km Straße: 56:18 min, Mailand 1998; Halbmarathon: 59:17 min, Mailand 1998; Marathon: 2:04:55 h, Berlin 2003
Städtemarathons:	2001: 2. London (2:08:14 h) und 2. Chicago (2:08:50 h); 2002: 2. London (2:05:48 h) und 4. Chicago (2:06:18 h); 2003:

	4. London (2:07:58 h) und 1. Berlin (2:04:55 h, WR)
Siegesserien:	5 x Crossweltmeister 1995-1999; Sieger IAAF Cross-Challenge 1996, 1997, 1998 und 2000; 22 Siege im Crosslauf 1992-1999; 6 x Sieger Stramilano-Halbmarathon in Mailand 1994-1999; ungeschlagen auf der Halbmarathondistanz 1995 -2000; 5 x Sieger Corrida de Sao Silvestre in Sao Paulo (15 km) 1995, 1996, 1998, 1999 und 2000

Leistungsentwicklung:

	5.000 m (in min)	10. 000 m (in min)	Marathon (in h)
1991 (22)		29:46,8A	
1992 (23)	13:48,64		
1993 (24)	13:20,16	27:18,43	
1994 (25)	13:15,07	27:23,89	
1995 (26)	13:07,49	27:14,08	
1996 (27)	12:54,72	26:54,41	
1997 (28)	12:49,87	26,27,85 WR	
1998 (29)	12:58,74	26:44,44	
1999 (30)	12:55,37	27:10,08	
2000 (31)	12:55,18	27:03,87	
2001 (32)			2:08:15
2002 (33)			2:05:48
2003 (34)			2:04:55 WR
2004 (35)			2:14:45*

* nahm nur am Olympiamarathon teil

Persönliche Rekorde:

1.500 m:	3:42,3 min (1996)
1 Meile:	3:58,4 min (1996)
2.000 m:	4:57,4 min (1996)
3.000 m:	7:28,70 min (1996)
5.000 m:	12:49,87 min (1997)
10. 000 m:	26:27,85 min (1997, WR)
Halbmarathon:	59:17 min (1998, WR) 59:06 min (2000, Lissabon, Strecke 40 m abfallend) 58:51 min (1996, Mailand, Strecke um 49 m zu kurz)
Marathon:	2:04:55 h (2003, WR).

PAUL TERGAT PERSÖNLICH

Geburtsdatum:	17. Juni 1969
Geburtsort:	Riwo (Baringodistrikt, Kenia)
Volksstamm:	Tugen
Beruf:	Athlet/Armeeangehöriger (Stabsfeldwebel der Luftwaffe)/ Geschäftsmann
Wohnort:	Ngong (Vorort von Nairobi)
Zivilstand:	Verheiratet mit Monica, 3 Kinder: Ronald (1989), Harriet (1995) und Gloria (1999)
Trainer:	Dr. Gabriele Rosa
Sponsor:	Nike

Entwicklung der Weltrekorde:

10.000 m

Erster Mensch unter 31 Minuten:

30:58,8	Jean Bouin (FRA)	16.11.11	Colombes

Erster Mensch unter 30 Minuten:

29:52,6	Taisto Mäki (FIN)	17.09.39	Helsinki

Erster Mensch unter 29 Minuten:

28:54,2	Emil Zatopek (TCH)	01.06.54	Brüssel

Erster Mensch unter 28 Minuten:

27:39,4	Ron Clarke (AUS)	14.07.65	Oslo

Die letzten 12 Verbesserungen:

27:22,4	Henry Rono (KEN)	11.06.78	Wien
27:13,81	Fernando Mamede (POR)	02.07.84	Stockholm
27:08,23	Arturo Barrios (MEX)	18.08.89	Berlin
27:07,91	Richard Chelimo (KEN)	05.07.93	Stockholm
26:58,38	Yobes Ondieki (KEN)	10.07.93	Oslo
26:52,23	William Sigei (KEN)	22.07.94	Oslo
26:43,53	Haile Gebrselassie (ETH)	05.06.95	Hengelo
26:38,08	Salah Hissou (MAR)	23.08.96	Brüssel
26:31,32	Haile Gebrselassie (ETH)	04.07.97	Oslo
26:27,85	**Paul Tergat (KEN)**	**22.08.97**	**Brüssel**
26:22,75	Haile Gebrselassie (ETH)	01.06.98	Hengelo
26:20,31	Kenenisa Bekele (ETH)	08.06.04	Ostrava

Halbmarathon (inoffiziell)

60:55	Mark Curp (USA)	18.09.85 Philadelphia
60:43	Mike Musyoki (KEN)	08.06.86 Newcastle
60:34	Steve Moneghetti (AUS)	16.09.90 Newcastle
60:27	Steve Moneghetti (AUS)	26.01.92 Tokio
60:24	Benson Masya (KEN)	20.09.92 Newcastle WM
60:06	Steve Moneghetti (AUS)	24.01.93 Tokio
59:47	Moses Tanui (KEN)	03.04.93 Mailand
59:17	**Paul Tergat (KEN)**	**04.04.98 Mailand**
59:06	**Paul Tergat (KEN)**	**26.03.00 Lissabon**

In der Liste sind auch leicht abfallende Strecken enthalten: Newcastle (Great North Run) 30,5 m, Tokio 33 m, Lissabon 40 m. Nicht berücksichtigt: East London, wo die Strecke vor 1991 ein Gesamtgefälle von 46,5 m hatte (Matthews Temane und Zithulele Sinqe, beide RSA, liefen hier 60:11 min am 25.07.87). Der internationale Leichtathletikverband IAAF erkennt nur Tergats 59:17 min von Mailand 1998 an.

Marathon

Erster Mensch unter 3:00 h:

2:55:18,4	John Hayes (USA)	24.07.08	London

Erster Mensch unter 2:50 h

2:46:52,8	James Clark (USA)	12.02.09	New York

Erster Mensch unter 2:40 h:

2:38:16,2	Harry Green (GBR)	12.05.13	London

Erster Mensch unter 2:30 h:

2:29:01,8	Albert Michelsen (USA)	12.10.25	Port Chester

Erster Mensch unter 2:20 h:

2:18:40,4	James Peters (GBR)	13.06.53	Chiswick

Die letzten 12 Verbesserungen:

2:12:11,2	Abebe Bikila (ETH)	13.06.64	Tokio
2:12:00,0	Morio Shigematsu (JAP)	12.06.65	Chiswick
2:09.36,4	Derek Clayton (AUS)	06.12.67	Fukuoka
2:08:33,6	Derek Clayton (AUS)	30.05.69	Antwerpen
2:08:18	Rob de Castella (AUS)	06.12.81	Fukuoka
2:08:05	Steve Jones (GBR)	21.10.84	Chicago
2:07:12	Carlos Lopes (POR)	20.04.85	Rotterdam
2:06:50	Belayneh Dinsamo (ETH)	17.04.88	Rotterdam
2:06:05	Ronaldo Da Costa (BRA)	20.09.98	Berlin
2:05:42	Khalid Khannouchi (MAR)	24.10.99	Chicago
2:05:38	Khalid Khannouchi (USA)	14.04.02	London
2:04:55	**Paul Tergat (KEN)**	**28.09.03**	**Berlin**

Weltrekordinhaber aus Kenia

3.000 m (in min)

7:39,6	Kipchoge Keino	27.08.65	Hälsingborg
7:32,1	Henry Rono	27.06.78	Oslo
7:28,96	Moses Kiptanui	16.08.92	Köln
7:20,67	Daniel Komen	01.09.96	Rieti

Rekordinhaber im Frühling 2005:

7:20,67	Daniel Komen (KEN)	01.09.96	Rieti

5.000 m (in min)

13:24,2	Kipchoge Keino	30.11.65	Auckland
13:08,4	Henry Rono	08.04.78	Berkeley
13:06,20	Henry Rono	13.09.81	Knarvik
12:55,30	Moses Kiptanui	08.06.95	Rom
12:39,74	Daniel Komen	22.08.97	Brüssel

Rekordinhaber im Frühling 2005:

12:37,35	Kenenisa Bekele (ETH)	31.05.04	Hengelo

10.000 m (in min)

27:30,5	Samson Kimobwa	30.07.77	Helsinki
27:22,4	Henry Rono	11.06.78	Wien
27:07,91	Richard Chelimo	05.07.93	Stockholm
26:58,38	Yobes Ondieki	10.07.93	Oslo
26:52,23	William Sigei	22.07.94	Oslo
26:27,85	**Paul Tergat**	**22.08.97**	**Brüssel**

Rekordinhaber im Frühling 2005:

26:29,31	Kenenisa Bekele (ETH)	08.06.04	Ostrava

Halbmarathon (in min)

60:24	Benso Masya	20.09.92	Newcastle
59:47	Moses Tanui	03.04.93	Mailand
59:17	**Paul Tergat**	**04.04.98**	**Mailand**

Rekordinhaber im Frühling 2005:

59:17	**Paul Tergat (KEN)**	**04.04.98**	**Mailand**

Marathon (in h)

2:04:55	**Paul Tergat (KEN)**	**28.09.03**	**Berlin**

Rekordinhaber im Frühling 2005:

2:04:55	**Paul Tergat (KEN)**	**28.09.03**	**Berlin**

3.000 m Hindernis (in min)

8:19,8	Benjamin Jipcho	19.06.73	Helsinki
8:14,0	Benjamin Jipcho	27.06.73	Helsinki
8:05,4	Henry Rono	13.05.78	Seattle
8:05,35	Peter Koech	03.07.89	Stockholm
8:02,08	Moses Kiptanui	19.08.92	Zürich
7:59,18	Moses Kiptanui	16.08.92	Zürich
7:59,08	Wilson Boit Kipketer	13.08.97	Zürich
7:55,72	Bernard Barmasai	24.08.97	Köln

Rekordinhaber im Frühling 2005:

7:53,63	Saif Saeed Shaheen (QAT, former Stephen Cherono, KEN)	03.09.04	Brüssel

Es gab nie einen kenianischen Weltrekordinhaber auf einer kürzeren Distanz als 3.000 m. (Wilson Kipketer, 800 m 1:41,11 min, ist zwar in Kenia geboren, lief den Rekord aber als Däne.)

Die einzigen Kenianerinnen, die einen Weltrekord verbesserten, sind Tegla Loroupe und Catherine Ndereba im Marathon. Im Halbmarathon lief Susan Chepkemei 2001 in Lissabon 65:44 min, die schnellste Zeit bis dahin in der Welt, aber die Strecke war 60 m abfallend. Deshalb wurde die Leistung nicht als Weltrekord anerkannt.

Marathon Frauen (in h)

2:30:47	Tegla Loroupe	19.04.98	Rotterdam
2:20:43	Tegla Loroupe	26.09.99	Berlin
2:18:47	Catherine Ndereba	07.10.01	Chicago

Rekordinhaberin im Frühling 2005:

2:15:25	Paula Radcliffe (GBR)	13.04.03	London

Anhang 2: Nützliche Adressen

Marathonorganisatoren

JANUAR:

Houston USA
Houston-Marathon
marathon@hphouston-marathon.com
www.hphoustonmarathon.com

Arizona USA
Rock'n'Roll Arizona-Marathon
info@rnraz.com
www.rnraz.com

Orlando USA
Walt Disney World-Marathon
road.races@disney.com
www.disneyworldsports.com

FEBRUAR:

Kairo EGY
Egyptian International-Marathon
info@egyptianmarathon.net
www.egyptianmarathon.net

Husum GER
Wintermarathon
lav-husum@t-online.de
www.LAV-HUSUM.de

Apeldoorn NED
Midwinter-Marathon
www.midwintermarathon.nl

MÄRZ:

Barcelona ESP
Marathon Catalunya
marathoncat@retemail.es
www.redestb.es

Rom ITA
Rome City-Marathon
info@maratonadiroma.it
www.maratonadiroma.it

Los Angeles USA
Los Angeles-Marathon
raceinfo@lamarathon.com
www.lamarathon.com

APRIL:

Linz AUT
Linz-Marathon
linzmarathon@aon.at
www.linz-marathon-at

Madrid ESP
Madrid-Marathon
mapoma@arrakis.es
www.marathonmadrid.com

Paris FRA
Paris International-Marathon
info@parismarathon.com
www.parismarathon.com

Bonn GER
Bonn-Marathon
info@rheinenergie-marathon-bonn.de
www.rheinenergie-marathon-bonn.de

Hamburg GER
Marathon-Hamburg
www.marathon-hamburg.com

Leipzig GER
Leipzig-Marathon
info@leipzig.laeuft.de
www.leipzig-laeuft.de

London GBR
London-Marathon
Fax +44/171 620 4208
www.london-marathon.co.uk

Turin ITA
Turin-Marathon
info@turinmarathon.it
www.turinmarathon.it

Rotterdam NED
Rotterdam-Marathon
info@rotterdammarathon.nl
www.rotterdammarathon.nl

Zürich SUI
Zürich-Marathon
info@zurichmarathon.com
www.zurichmarathon.com

Boston USA
Boston-Marathon
mile27registration@baa.org
www.baa.org

Nashville USA
Country Music-Marathon
cmm@eliteracing.com
www.cmmarathon.com

MAI:

Wien AUT
Vienna City-Marathon
office@vienna-marathion.com
www.vienna-marathon.com

Kopenhagen DEN
Kopenhagen-Marathon
info@copenhagenmarathon.dk
www.copenhagenmarathon.dk

Düsseldorf GER
Rhein-Marathon
info@rhein-marathon.de
www.rhein-marathon.de

JUNI:

Tromsö NOR
Midnight Sun-Marathon
post@msm.no
www.msm.no

Chur SUI
Graubünden-Marathon
sport@lenzerheide.ch
www.graubuenden-marathon.ch

Stockholm SWE
Stockholm-Marathon
info@marathon.se
www.marathon.se

San Diego USA
Rock'n'Roll-Marathon
rnrm@eliteracing.com
www.rnrmarathon.com

JULI:

Davos SUI
Swiss Alpine-Marathon
info@alpine-davos.ch
www.swissalpine.ch

AUGUST:

Helsinki FIN
Helsinki City-Marathon
sul.harraste@sul.fi
www.helsinkicitymarathon.com

SEPTEMBER:

Krems AUT
Wachau-Marathon
gutermann@wvnet.at
www.wachaumarathon.at

Pauillac FRA
Marathon du Medoc
info@marathondumedoc.com
www.marathondumedoc.com

Berlin GER
Berlin-Marathon
info@berlin-marathon.com
www.berlin-marathon.com

Köln GER
Köln-Marathon
lauf@koeln-marathon.de
www.koeln-marathon.de

Münster GER
Münster-Marathon
info@volksbank.muenster-marathon.de
www.volksbank-muenster-marathon.de

Interlaken SUI
Jungfrau-Marathon
info@jungfrau-marathon.ch
www.jungfrau-marathon.ch

OKTOBER:

Graz AUT
Kultur-Marathon
www.grazmarathon.at

Mallorca ESP
Mallorca-Marathon
info@marathon-pdm.com
www.Marathon-PDM.cm

Frankfurt GER
Marathon-Frankfurt
mail@frankfurt-marathon.com
www.frankfurt-marathon.com

München GER
München-Marathon
info@medienmarathon.de
www.medienmarathon.de

Carpi ITA
Italian-Marathon
info@italianmarathon.it
www.italianmarathon.it

Venedig ITA
Venedig-Marathon
info@venicemarathon.it
www.venicemarathon.it

Amsterdam NED
Amsterdam- Marathon
info@ingamster-
dammarathon.nl
www.ingamsterdammarthon.nl

Basel SUI
Basler Marathon
roland.fischer@apgsga.ch
www.lsvb.ch/marathon.htm

Lausanne SUI
Olympic Marathon Lausanne
bruchez.robert@organisa-
tions.org
www.lausanne-marathon.com

Chicago USA
Chicago-Marathon
Marathon@wwa.com
www.chicagomarathon.com

NOVEMBER:

Monaco MON
Monaco-Marathon
www.monacomarathon.org

New York USA
New York City-Marathon
intl@nyrrc.org
www.nycmarathon.org

DEZEMBER:

Honolulu USA
Honolulu-Marathon
info@honolulumarathon.org
www.honolulumarathon.org

VERBÄNDE

NATIONAL:

(Landesverbände mit starker Laufszene)

Deutschland:
Deutscher Leichtathletik-
Verband
Alsfelder Straße 27
64289 Darmstadt
www.leichtathletik.de

Frankreich:
Fédération Française
d'Athlétisme
33 avenue Pierre de Coubertin
75640 Paris cedex 13
www.athle.org

Großbritannien:
UK Athletics, Athletics House,
10 Harborne Road,
Edgbaston,
Birmingham B15 3AA
www.ukathletics.net

Italien:
Federazione Italiana di Aletica
Leggera

Via Flaminia Nuova 830
00191 Roma
www.fidal.it

Kenia:
Athletics Kenya,
P.O. Box 46722.
00100 Nairobi
www.athleticskenya.org

Österreich:
Österreichischer Leichtathletik-Verband
Prinz Eugen-Straße 12
1040 Wien
www.oelv.at

Niederlande:
Koninklije Nederlandse Atletiek Unie
Postbus 230
3400 AE Ijsselstein
www.knau.nl

Schweiz:
Schweizerischer Leichtathletik-Verband
Postfach 45
3250 Lyss
www.swiss-athletics.ch

Spanien:
Real Federacion Espanola de Atletismo
Avda. Valladolid 81-1
28008 Madrid
www.sportec.es/rfea/

USA:
USA Track and Field,
P.O. Box 120,
Indianapolis,
Indiana 46206-0120
www.usatf.org

INTERNATIONAL

IAAF:
International Association of Athletics Federations,
17, rue Princesse Florestine,
BP 359, 98007 Monaco Cedex
www.iaaf.org

AIMS:
Association of International Marathons and Road Races (AIMS)
www.aims-association.org

World Mountain Running Association
www.wmra.info

World Masters Athletics
www.world-masters-athletics.org

WESTERN
NYANZA
4321 WAGAGAI
MT. ELGON NAT. PARK
Kitum Caves
Rock Paintings
Endebess
Kitale
Jomo Kenyatta house
SAIWA SWAMP NAT. PARK
Cherangani Hills
Tot
Chesongoch
Chesetan
Chepkum
Elgeyo Escarpment
Kerio Valley
RIMOI NAT. RESERVE
Lwakhakha
Kapsokwony
Kiminini
Moi's Bridge
Cherengani
Moiben
Kimilili
Chwele
Malakisi
Malaba
Webuye
Turbo
Soy
Iten
Tambach
Bungoma
Malava
Mungatsi
Nambale
Eldoret
Sirikwa Hotel
Biretwo
Kaiboi
Nandi Escarpment
Onyaki
Kaptagat
Kapkut
Mumias
Bumala
Lubao
KAKAMEGA NAT. RESERVE
Kakamega
Kakamega Golf Hotel
Nangina
Butere
Rangala
Ukwala
Sidindi
Kapsabet
Lessos
Timboroa
Saos
Boro
Ndere
L. Kanyaboli
Siaya
Luanda
Vihiga
Kaimosi
Nandi Hills
Nyando Escarpment
Eldama Ravine
Maseno
Miwani
Songhor
KISUMU
Chemelil
Muhoroni
Londiani
Kipkelion
Mau Summit
Molo
Usenge
Bondo
Kit Mikayi
Ahero
Imperial Hotel
Kano Plains
Awasi
Asembo
NDERE ISLAND NAT. PARK
Sunset Hotel
Katito
Kericho
Kericho Tea Hotel
MidWest Hotel
Victoria
Rusinga I.
Mbita
Kendu Bay
Kusa
1751 Homa Hills
Lake Simbi
Sondu
Chemosit
Ikonge
Litein
Homa Bay
Rangwe
Oyugis
Kapkoros
Bomet
Gwasi Hills
RUMA NAT. PARK
Mirogi
Kisii Soap Stone
Kisii
Sotik
Rongo
Keroka
Ogembo
Thimlich Ohinga
Sare
Gorgor
Kapkimolwa
Gogo Falls
Karungu
Kilgoris
Kaboson
Ngorengore
Muhuru
Migori
Mara Sara Camp
Mpata Safaris
Mara River Camp
Mara Buffalo Camp
Lemek
Ewaso Ngiro
Kihancha
Olkurruk Mara L.
Mara Sara
Aitong
Loita Plains
Isebania
Lolgorien
Esoit Oloololo Escarpment
Kichwa Tembo T. Camp
Little Governor's Camp
Governor's Camp
Mara Serena Lodge
Intrepids Camp
Fig Tree Camp
Mara Safari Club
Siana Springs Lodge
Talek
MASAI
Ronda
Tarime
Nyamwago
Kitandu
Enangi
Rongai
Mara
Amala
Ololorok
Nzoia
Yala
Sio
Migori
Kuja
Sondu
Nyando
A1
A104
B1
B3
B53
C12
C13
C14
C17
C19
C20
C23
C24
C26
C27
C29
C30
C31
C33
C34
C35
C37
C39
C40
C42
C44
C48
C50
C51
C53
C54

Poror
Yare Camp
Jomo Kenyatta house
MATHEWS PEAK
Sarara Camp
Seredupi
1526 SILALI
MARALAL NAT. SANCTUARY
Maralal
Maralal Safari Lodge
Kitich Camp
Seiyia
Hot Springs
Kisima
Wamba
Il Ponyeki Plains
Tangulbei
Mutamaiyo Lodge
Sukuta Marmar
C78
C79
Barsalinga
A2
Archer's Post
Olmalo House
Samburu Intrepids Club
SAMBURU NAT. RES.
Samburu Game Lodge
Samburu Serena Lodge
SHABA NAT. PARK
BUFFALO SPRINGS NAT. RES.
Buffalo Springs Tentend Lodge
Mukutan House
Mukutan
Loisaba House
C77
Lekurruk Group Ranch
gumukum
Tandaro
Ewaso Narok
Ewaso Ngiro
Dol Dol
Tassia Lodge
Isiolo
Ol Ngarua
Rumuruti
Il Ngwesi Conservancy
Sweet Waters Lodge
Borana Lodge
Il Dolgan Mountains
Lewa Safari Camp
Wilderness Trails
Kirua
Mutha
2608 MARMANET
Ngobit Fishing Lodge
Ngare Ndare Forest Res.
C91
Thompson's Falls Lodge
Sportsman's Arms Hotel
Meru
Nyahururu
C76
Mt. Kenya Safari Club
Forest Lodge
Miki
Subukia
Nanyuki
Sweet Waters Sanctuary
Mountain Rock Hotel
Mt. Kenya
Nkubu
Kionyo
Mitun
B5
Ngobit
Ndaragwa
Naru Moru Riv. Lodge
5199 BATIAN PEAK
Chogoria Lodge
Igoji
Chogoria
Naro Moru
ABERDARE NATIONAL PARK
MOUNT KENYA NATIONAL PARK
Mweiga
A2
C92
akuru
C69
Ol Kalou
Ndathi
Chuka
C77
Aberdare Ranges
Aberdare Country Club
3349 KIPIPIRI
The Ark
Lanet
Nakuru
Lodge
Olooliondo
Tree Tops Hotel
Nyeri
Mountain Lodge
Runyenjes
B6
Ena
Gilgil
Karatina
Kerugoya
C92
Ishiara
Outspan Hotel
C74
Izaak Walton Inn
CENTRAL
Kutus
Embu
Siakago
at R. Valley Resort Club
North Kinangop
C73
Kiambere Hill
1495
C70
Sagana
Olerai House
South Kinangop
Muranga
Thiba
B7
Loldia Lodge
Lake Naivasha
Naivasha
MWEA NAT. RESERVE
Kiambere
Maragua
Kindaruma
Tana
Kamburu
Gatakaini
L. Naivasha Club
Masinga Reservoir
Saba Saba
A2
HELL'S GATE NAT. PARK
2776 Mt.Longonot
Kijabe
C66
Kabati
2146 OL DOINYO SAPUK
LONGONOT NAT. PARK
Mai Mahiu
Mangu
Masinga
Thitan
Kiambaa
Kangonde
Longonot
C65
FOURTEEN FALLS NAT. PARK
B3
Thika
Matuu
Suswa
Limuru
Kiambu
Ruiru
OLDONYO SAPUK NAT. PARK
A3
B7
2357
Blue Post Hotel
Kathimuni
© Bundu Maps Services
Ndolo Corn
NAIROBI
C98
Kinyaata
C97
Kedong valley
Mitaboni
NAIROBI NAT. PARK
Masii
Katangi
Ngong
Ongata Rongai
Masaai Lodge
Athi River
Lema
Yatta
Kiserian
Machakos

Bildnachweis

Umschlaggestaltung: Jens Vogelsang

Cover-Fotos: Sportpressephoto Bongarts, Germany; Jürg Wirz

U4 Fotos: Anthony Kaminju, Wendy Stone, Brian J. Myers, Gabriele Giugni, Paul Tergat

Innenteil:
Bongarts: S. 12, 13 (top), 97
dpa/pa: S. 83, 114
Andreas Gonseth: S. 25, 28, 43, 81, 112, 119, 121, 123, 145, 197
Anthony Kaminju: S. 3, 14, 15
Jiro Mochizuki: S. 135
Omega/Colombo: S. 3, 52, 57, 58, 210
Ch. Rochard/L'Equipe: S. 84
Papon/L'Equipe: S. 128
Mutton: S. 96
Marc Herremans: S. 86/87
Victor Sailer: S. 101
United Nations, World Food Program:
Rein Skullerud: S. 167, 177
Wendy Stone: S. 23, 166, 179
Edward Parsons: S. 9, 45, 201 (top)
Gabriele Giugni: S. 200
Francesco Broli: S. 3, 8, 175, 178, 199, 208
Brian J. Myers: S. 148-155

Official White House Photo: S. 183

Alle anderen Fotos sind von Jürg Wirz oder Privatfotos von Paul Tergat

Landkarte (S. 220/221): Bundu Maps Services, Nairobi